U0564983

上海漂移

都市废墟中的漫游者与创生者

陈蔚镇 | 著

SHANG
HAI

上海三联书店

序

一

第一次探废墟是去张园。浓重的影子是一切历史建筑的特性，树的影子，建筑层层叠叠生长后的影子，生活的影子。可是张园似乎缺乏有意思的，丰富的影子，她在平静地等待新的开始，时间变得很轻。张园对面的丰盛里，过往已经荡然无存了，空间是急促的，时间是语焉不详的。

时间，在上海这座城市，似乎永远定格在了 1930 年。历史街区作为一种"异托邦"而存在，成为我们世界中的他者。

时间可以被制造吗？不能，记忆也不能，但历史可以被排列与铺陈。

王澍曾经说从城市"废墟"中重新找回时间，因为对中国建筑师来说，如果不去思考"废墟"这件事，就不够当代中国，这是一个很基本的问题。因为如今在城市里，已经基本找不到任何有时间积累的痕迹了。所以从 2000 年开始，他经常带着学生去废墟里，或是站在拆房子的现场，开始讲属于他们的第一堂建筑课。西川的说法更直白，"对于我这样一个不懂城市规划和建筑的人来说，一个城市的诗意首先来自于它的文化记忆。有了文化记忆，城市就有了纵深感。那么，什么叫有文化纵深感？就是这个城市里有'鬼魂'"。他说的鬼魂，是指北京中轴线上那栖居着幽灵的九千九百九十九间半空屋的空城。在无数遍阅读那篇《想象我所居住的城市》之后，我对此深以为然——无比有，空比实，更能激发想象力，特别是历史想象力，形而上学想象力，以及针对永恒的想象力。

在本书中，废墟，不是浪漫主义或美学意义上的废墟。废墟，或废墟探索，只是上海这座传奇都会的隐喻。就像本雅明用游荡者、流浪汉、诗人、拾垃圾的、人群、大众、商品、林荫大道、拱廊街……隐喻了他眼中的巴黎，那是一片物欲丰盛笼罩下的精神废墟。本雅明在《发达资本主义时代的抒情诗人》中谈到波德莱尔和法国社会、巴黎城市之间的关系，他捕捉到一个非常重要的概念——"游荡者"。本质上，无论是 19 世纪的"游荡者"（Flaneur）/"漫游者"（Robinsonner），或是 20 世纪 50 年代末开始的情境主义者（Situationniste）、路上观察者（路上観察者），他们都是在城市中漂泊、沉溺于思想的人们。他们面对的是现代性的速朽、易逝与新奇带来的无根与茫然，作为渺小的个体，他们能做的是踟蹰流连于都市，穿破裹缚世界的物质与景象的迷雾，在历史的多层地表下捡拾时空的碎片，找寻被凝固的时间价值。这是世界上的许多地方艺术、建筑和城市研究领域里的先锋运动试图在消费主义、景象社会之外寻求批判的共性立场，这和本书中讨论的"佛跳墙"这个亚文化社群，以及他们的"漂移"故事亦是同样语境。

时间，记忆，古代性与现代性，是本书一切讨论渴望返归的原点。

二

大卫·哈维在《巴黎城记》中，曾说到"在剧烈变化的过程中，不管是观察城市还是描述城市，都是可怕的挑战……现有的城市理论，通常看起来面向太单一也太僵硬，完全无法表现出都市经验的丰富与多样"。当他书写巴黎，他从巴尔扎克的人间喜剧、杜米埃的日常生活与政治讽刺画中嗅到"巴黎既有秩序中潜在的紧张"，他察觉福楼拜和波德莱尔"在隐约中仰赖巴尔扎克所构筑的视野"，发现这一切预示着巴黎即将掀开现代性面纱。我非常着迷此类写作，就像很多年前在王安忆的《众声喧哗》里读到的"毛茸茸的，有一种弹性"的过去的日光，令人联想起本雅明在《机械复制时代的艺术》中所指出的灵韵（aura）……显然它们都不只是空间感知，而是一种与个体生命连接的本真的内在经验，是带有个体印记的、具象的情境碎片。"传统沉没"是人类当下面临的最大精神困境。景象社会中我们如此易于沉沦，上海更是一个巨大的温床。消费者的驯化，舒适与享乐生活的召唤，可爱的无知。人群的激情如涂满油的松枝，如此容易被点燃，在无力改变现实的"现实"中，如果不是准备向轻而易举的娱乐性让步，我们还能做些什么？

学习城市规划专业并在这个领域从事学术、实践的30年是我非常重要的生命历程。此前，因为遵从高校学术机制，学术写作常被绑缚于一种学理的或机械的定式。但是在2021年夏天，当废墟成为写作焦点后一切都变了。各类有趣的都市研究，来自于哲学、文学、人类学、政治经济学或城市科学领域，它们在都市废墟这样的边缘地带中互相应和，认出彼此。所以，我相信潜意识中，本书的写作完全可以视作向它们学习或模仿的练习之作，无论是对"最有趣的都市写作通常要兼具片段与通盘"原则的全盘遵照，还是对"作家般的细腻与敏感，作家式的观察和表述方式"的无法企及的努力。

　　书中的片段，既包含了我们所访谈的 40 位城市探索者以及佛跳墙豆瓣小组中有关于上海地区 222 篇的材料分析，也包含数次都市观察后工作室集体写作的尝试，每一个代码都是一位可爱的学生，研究生或博士生。正因为有了这些移动的视点，才使得上海变幻不定的都市景象在快速跳跃的都市蒙太奇中得以拼贴出一角。书中的整体，则得益于近年我在带研究生设计课时以"历史性城市景观"（HUL）为题的研究积累。1990—2020 年，上海近二分之一的城市空间改弦更张；以 2021 年为时间切片，上海外环内大约有 1000 多处废墟，包含工业废墟、废弃花园或旧里以及旧村。从这个意义来看，上海已经重建，并且还在继续重建中。所有关于上海历史城区 30 年的时空演进特征及上海景观都市变迁的结构性描述都奠基于浩繁且基础的城市研究工作。

　　本书呈现了一种上海城市研究书写的可能，有别于城市历史研究以及城市社会学或范式的城市规划研究，也许可称之为人文主义城市研究。

三

　　本书的读者是谁？

四

本书的贡献者，他们是就读于同济大学建筑与城市规划学院的同学们，L‐李松霖，X‐徐一珉，August‐刘荃，ZY‐钟毅，MM‐康庄，HP‐何盼，Mei‐罗洁梅。当然还有在本书中没有出现的其他一些代码，赵亮，王洲林，卢佳欣，崔禹桐，王依桐，薛琰文，宋子祺，他们都是我们每次游荡和其他主题的集体写作的重要成员。Ann是我本人。

在工作室做都市观察的这几年，我们像一群琐碎无聊的鸽子，在上海历史城区的屋顶上飞来飞去，偶尔我们会以城市学者苛刻的眼光批判空间，大部分时候我们就单纯享受着拥抱眼前"广阔而真实的现实"的快乐、忧伤与怅惘。因为工作室暂时没有上海的同学，身处异乡的我们多多少少带着一点隔岸的态度，或许也是不带一丝成见的态度。工作室讨论过的每一个朴素、真诚的问题给予了本书写作源源不断的灵感，我想这本书属于工作室的每个人。

在这里我还需要特别感谢两位最重要的贡献者。X‐徐一珉，从最初研究生论文选择"废墟"为题，已经注定了在传统悠久的靠谱学院（CAUP）中这或许是一次荆棘密布的丛林探险。可是从她作为佛跳墙小组的早期成员这一事实来看，我猜想她非常享受这次冒险之旅。August‐刘荃，我想她是陪伴本书最长时间、倾注了最多情感的人，也是我最值得信赖的人之一，任何话题我都愿意与她分享，自然，我们也分享着对于上海——这座新的故乡之城的"地方之爱"。

本书的写作还得到非常多前辈学者恳切的指正和无私的

帮助。南大哲学系的张一兵教授，他无疑是德波及其情境主义在中国最好的引介者，在读他 2021 年 10 月出版的《烈火吞噬的革命情境建构》一书时，我完全忘却了我在读哲学，那是一本自由、洞悉的哲学论著，书中的人情味常常让我想起有机知识分子这个词。同济规划系的朱介鸣教授，和我分享了他对法国城市研究文哲特性的观点，并且作为地道上海人，他还对书中提及的多个上海历史城区的片段及其景观的本土性提出了非常独特的见解。复旦历史系的吴晓群教授，在繁重的研究工作之余给书稿提出了明晰的修改意见，其实，我对她在古代希腊文化史方面的研究一直很好奇，坚信那个美好的人类童年可以给当下的城市研究以丰富的滋养，事实上，在平日和她的很多交谈中我获得了非常多超出学术的启迪。本书书稿形成的雏形阶段还曾邀请上海交大城研院的刘士林教授、上海社科院文学所的徐锦江教授和郑崇选教授、同济人文学院的王国伟教授、复旦经济学院的吴建峰副教授、浙大历史系的陈新教授等提出过宝贵意见，非常愧疚，书稿写作的初期既混乱又割裂，他们承受了迷失于文学/学术实验作品的阅读痛苦，但他们依然给予了我最慷慨的鼓励。

　　感谢本书写作时周遭一切的善良与美好。黑塞说"每个生命都是通向自我的征途"，城市何尝不是如此？我们何尝不是如此？

于新江湾城

2023 年 3 月 12 日

目　录

第一章　可见而不可及的城市

如本雅明对电影工业扩大人类经验潜力的预见，"电影，使我们可以穿过它那些分布广泛的废墟和瓦砾平静而惊险地旅行"。今天的世界充满了视觉的快乐，都市演变成一个巨大的怀旧的电影片场，过家家，搭布景，历史性城市景观再造。在最新的《拍摄在上海：上海影视拍摄指南》里，城市的历史分门别类地铺陈和排列着——"都市风光""年代建筑""特色建筑"，按需索取，当镜头摇向它们的时候，不言自明，这里是上海！1996年侯孝贤在上海为《海上花》找道具，专要找没用的小东西。因为有用的东西不过是个功能，没用的东西才是生活的真痕迹。可没用的东西在哪儿？它需要漫游者去找寻。在废墟和瓦砾中？空间的褶皱里？或是深夜街道空寂的武康大楼？"城市不会泄露它的过去，只会把它像掌纹一样藏起来，写在街角、在窗格子里、在楼梯的扶手上、在避雷针的天线上、在旗杆上……"

很早上海就有各种好玩的漫游者群体，他们只是没有今天 City walk 这么出名。都市漫游，只需要一个下站的地点，和一个大致的方向，路径随意，然后迷失，像孩子一样。

迷失于都市

静安寺　静安公园　久光　嘉里中心　上海商城　恒隆
伊势丹　安乐坊　梅龙镇酒家　丰盛里　张园
2021 年 5 月 10 日
……

午后一点半，一群人从久光地铁站冒出来。

挨着金碧辉煌的静安寺，米黄色的久光显得非常佛系。

静安公园门前依然有一小群跳舞的上海阿姨，梳着新疆辫、穿着红裙的她们像沉浸在某个革命时代不肯出来。

沿着南京西路向东走，水流潺潺荫凉的波特曼，早年很爱逛的伊势丹，宇宙中心的恒隆，被毁掉的吴江路，直到我们走到有原味冰糕的凯司令，然后是丰盛里。这儿，是变了吗？不太知道这样保留下来的意义，一幢楼的历史留存，这算是记忆的种子？余下的都是新鲜出炉的：水门汀的一处酒吧，工业风，素混凝土包裹着巨大的不锈钢的吧台；粉色的汉堡店；还有一处镜面马赛克与古典风的混杂，午后的阳光把砖色晕染开到整个墙面。在上海初夏的炎热中，一切显得崭新而焦躁。

对街就是张园，一种被粉饰后的简单划一，二楼的装饰木窗紧闭，一楼的橱窗展陈些抽象艺术，色彩梦幻、高级。

L 和 X 溜过去，对着一扇缠绕着铜锁的铁门鼓捣，门居然开了。一群人鱼贯而入，街对面丰盛里的保安一脸茫然。

铁门内多了很多浓荫，不长的一段小弄堂，干干净净。

弄堂里原本一些沿着墙根的水池子都拆掉了，剩下一个一个的空档，那些常常看见的乱七八糟的电线、晾衣杆也一概看不见了，曾经乱七八糟的生活被抹掉了。地上居然还摆着一些好看的花，在阳光下。

沿着墙根走，两边是些黝着门洞的小前院，捡一个走进去。打前站的人吱吱嘎嘎的爬楼梯，间或还有一下木板踩空的声音传来。极其陡直狭窄的楼梯，要侧身才能上去。二楼左手边一个小露台，白紫的日光迎面照下来，皮肤生痛。右边是一间不大的房间，丢着一档十字交叉的折叠饭桌腿，一个带着镜面的老式衣橱，两样家具上都贴着"静安置业"字样。三楼是更小的一间，居然有老虎窗，窗外映满一棵梧桐的绿。

这算是一次探"废墟"？作为一个想象力过剩的人，屋内屋外毫无触目惊心或可供联想的可疑形迹，也没有太多经年累月的气味，风和雨畅意地进进出出，仿佛要带着这座房子重归尘土。

上海的梅雨季快要来了，不知道那时会怎样？

Ann

一群人站在梅龙镇酒家弄堂口，惜惜告别，应该是经历了上山下乡那一代的长辈们。第一次认真看这酒家所在的建筑，一二层是仿中式古建门头的餐厅，三四层却是欧式的砖红色立面，一整溜大气的长窗，错落着，嵌以丰富的细部，怎么看也是座昔日的豪宅，如今挂了些花花绿绿的衣服、花草还有空调外机。从酒家侧边的一处小门进去，顺着嘎吱嘎吱的木楼梯上二楼。走廊层高极高，也宽阔，就是被橱柜、洗漱台、生活杂物占去了不少，点了点防盗门的个数，约摸着一层有小一二十户，门上还认真贴着"陈家、李家"的信息。再上一层，走廊尽头传来麻将声，走近看，两户对门的人家敞着门，门上挂上半旧的布帘子，在习习的穿堂风掀动下，瞥见屋内各开了一桌麻将。即便一群人挤在门边打量，屋内的人也全无兴趣抬头，手不闲着，"的粒笃落"的上海话有一腔没一腔的。

顺着南京西路再走，遇见已是废墟的张园。整饬过的临街面，特意嵌入了些艺术橱窗。凑近后竟然发现铁门没锁，一群人就这么大摇大摆溜了进去。建筑没怎么改动，只清空了居住的痕迹，堆着些建材。一楼的小隔间里，停着一辆没上锁的新款小蓝车，旁边架起一块像是床的木板，看似还有人居住。可"终于"发现我们来逮人的门卫却一口咬定都搬完啦。我们不信，问，那弄堂里的花儿哪来的呢？他说，花呀，前两天刚搬来的……

张园对面的丰盛里，算是上海在历史保护"修旧如旧和高度限制准则"下成片里弄住区的一种开发样板。很难说这种"复建一幢、仿建九幢"的做法，究竟留下了"海派文化"里的什么？来之前看过照片，没什么意料之外，除了近距离看这些做旧的石库门，过廊的门头和两侧的建筑之间会有种清晰的断裂感，和同门开玩笑说，"这像是红砖版新天地"。

L

说起来自己也不太相信，来上海快七年，本硕都念完了，竟然没逛过南京西路。

我不逛商场和大马路，平时在大杨浦去五角场也只为觅食，不上地面，连几个商场脸面长什么样都分不清。那天从静安寺站钻出来，看卫星地图，觉得久光百货的平面像一架钢琴，阶梯状的露台感觉很丰富，走到对街看一眼建筑立面，却像糊在一起似的：望不见露台上的座位和阳伞，另外不知是不是为了配合隔壁的静安寺，把几层平台都涂成了一种……奇怪地混合着贵气和土气的黄色。一群人一直往东走，又路过些商场——啊?!原来这就是恒隆——感慨过后也并没什么想法。唯一印象深刻的是上海商城，混合的功能和格局很特别，剧院、商场、展览中心上立起写字楼、酒店和酒店公寓，中式立柱撑起的中庭落进自然光、水流，宽阔得可以行车，转身望出去是中苏友好大厦的古典立面，两边比照之下显得愈发有趣。

　　钻进了南京西路南边的一处里弄，问下来半数的屋子都不是居住用了——毕竟出门要穿过无数名品店才能遇见个菜场。巷弄里藏了美甲美睫店、民宿、咖啡店……倒是最初实现"白领小店梦"的静安别墅，似乎在 2013 年的联合执法行动后就特别低调，进门只看到了弄堂改衣铺和锁铺。

　　到了张园，没想到拨开插销，顺利地溜进了人去楼空的弄堂。大门左手边的屋子地面上，莫名丢着几捧败落的花束，而屋外是开得鲜活热烈的绣球和月季盆栽，在阒寂的弄堂里显得有些怪异。先进了一户，天井中废弃着三个大鱼缸，往里走除了破碎的砖石和灰尘也不见其他物件。绷着神经和身体，攀上锈蚀的狭窄楼梯，但一转身，就到了一个有老虎窗的房间——光!树!请呼吸!——虽然腐朽的味道也一并漫了过来。

X

"光，树，请呼吸！"

张园废墟里的花

曾经为了做上海城市空间结构的研究，我开始背上海地图。先背大框架，很快背完，然后就开始找地方精细地背。第一处便是南京西路。从静安寺开始，一块地一块地，往东一溜背过去。

记得地图上南京西路好丰富，贴着道路界面，又是商场、写字楼，又是机关单位、文化设施，还有寺庙、公园、酒店、餐馆、零售、老里弄等等。似乎一座城市能有的、该有的都浓缩在了这段不算长的路上。

等这次工作室选了南京西路做都市观察，才发现真不是丰富这么简单字眼就能概括的。

金光灿灿的、钢铁闪耀的、折衷主义的、大唐气的、民国风的、现代派的、美的、丑的、不美不丑的、精心打理的、任其衰败的，全都生龙活虎地挤在一起。

功能是混合的：20世纪90年代这条路上率先开张的上海商城功能就很混合。现在的混合则更加立体：名表店夹着楼上老公寓的入户门，门上还贴着物业地板打蜡服务的通知；梅陇镇酒家楼上住着七十二家房客，法国总统和市井人家以及他们的一百样家伙事儿能同时塞进一座哥特式老洋房的空间里；安乐坊一半改了商业，美甲小店、个人工作室和老住户共享弄堂口果实累累的枇杷树。

人也是混杂的：静安公园门口顶着日晒全副武装跳新疆舞的阿姨，嘉里中心外隔着玻璃门好奇窥视内景的年轻人，恒隆广场见首不见尾下手如有神的贵妇，安义夜巷里流转不停的摊主、歌手和过客，甲写里上下班的白领，凯司令西餐厅里的老克勒，还有静安别墅里租住的异乡人，他们的日常又奇特、又紧密、又脆弱地交织在这里。

南京西路是上海最不见疲态的商业街吧，永远精神抖擞，永远不失分寸。迎来送往、予取予求。

August

梅龙镇酒家所在的洋房，见证了 20 世纪初年南京西路里弄成片的兴建，也目睹了 1990 年代它们成片的消逝。

历史在这些老大楼里总是以一种沉重、堆砌的方式呈现。仿佛与建筑生长在一起的堆放着的大小杂物，和每家搭出的灶台水池，是新的时代新的人构建属于自己历史的方式。

穿过幽暗的长廊，寂静的楼道里传来麻将碰撞的声音。

透过梅龙镇酒家三楼走廊的窗户，看到"金三角"中梅龙镇广场的招牌。梅龙镇，从戏中来，也到戏中去。

恒隆前硕大的广场上，远处是稀落的梧桐树，近处是建筑的阴影。都市丽人从灼人的阳光下穿过，脚步细密地寻找栖身的凉荫。

张园朝向丰盛里的一侧山墙全部重新修建了，山墙上刻出橱窗，弄堂铁门换新，铁门里摆着新鲜的花。丰盛里几乎全部仿古新建，混杂着每个店铺欣欣然自我表达的立面。

在奢侈品店的包围中，成片的历史风貌区成为了一种很有吸引力的奢侈品。历史时空是南京西路最大的奢侈品。

从 1990 年代以来，南京西路商圈从人民公园一路西进，从金三角到嘉里中心，再到会德丰，写字楼是新的空间权力的凝聚。可是我的未来并不在这里，这些大楼于我又有何意呢？

ZY

这是一年多前工作室都市观察后的集体写作，那时张园还是一处寂静的等待新生中的废墟。上海是一个挺容易迷失的城市，如果你愿意迷失。

从很早，就对一切被风景明信片或攻略剧透了的城市旅行感到失落，这不是质疑 lonely planet 之类旅行指南的存在意义，而是那些被预支了好奇心和"不期然的快乐"的地点，即使去了，也很难留下什么记忆。没有偶遇、迷失、发现，像是"欲望着他者的欲望"[1]，我们似乎越来越陷入可见而不可及的城市。若想穿越视觉的表象，抵达与一座城最个体的链接，迷失于都市是第一步。

"*Light, Heat, Power*"

上海是个特别幻象的都市，不同时代的集体想象叠印着，一切情绪都能在对她的遐想中找到。

新中国成立后的 40 年，先是湮没声息与淡淡忧伤，"偶尔流动的是一份怀旧者不无隔膜的怅惘之情，更多充斥的是深刻的现实焦虑之痛。人们哀叹解放后的上海中心城区面貌迅速'衰弱'，上海曾有的都市辉煌如花凋零，往昔风流成了人们心中无法抚平的隐痛"。后是人性复归与百业待兴，人们从伤痕时代思想的废墟中爬起来，在回忆里找寻美好，城市重新生发出"市光"，西区梧桐浓荫密密，街上的店铺兴隆又日常。缘于一直持续着的行政划拨土地、地方或单位建造分配住房的制度，1990 年之前的上海空间变迁步调和缓。中心城区功能混杂，弄堂里的工厂、花园洋房里的办公以及身影幢幢的上海弄堂是城市阔大的背景。偶尔见缝插针地新建一些多层公房，多则 5—6 幢成组，少则一幢独立，通常"侵占"的也是破败的平房棚户、效益不太好的工厂或一些洋房后花园的用地。因为零星分布，又镶嵌于细密连绵的里弄肌理中，对社会结构或是对形态构成的冲击影响都很小，新很快与旧交织在一起，形成一种新的稳定的生活场域[2]。这一阶段虽也有过一定规模的旧城改造（比如，全国第一个工人新村——曹杨新村），但并未消解上海都市空间的区域化特征。相反，在某种意义上，它仍然相当完整地保留了城市的阶层、文化、趣味、生活方式乃至地理空间的传统形态。

进入 90 年代后，上海开始大变样了。土地有偿使用制度在上海试点，简政放权与民间资本的结盟，城市建设以一种空前规模和活力展开。自此城内的工厂搬迁、旧里改造不停歇地上演，新与旧的拼贴从未如此醒目，摇曳身姿的背后可能就是一方布衣褴褛。与城市物质空间转变[3]一起发生的，还有全球化浪潮的席卷下上海由生产型城市向消费型城市的转型。由于资本与消费文化席卷而来，释放了惊人的"重构"城市的欲望和力量，废墟中重生的上海作为全球城的特质开始显现[4]，一股"上海怀旧"热潮也随之兴起。怀旧的对象是20 世纪三四十年代表征着"摩登、繁华、现代性"的都市意象，以及"优雅、洋派、时尚"小布尔乔亚式的生活方式。如李欧梵所说："上海终于在一个世纪的战争与革命的灰烬里重生了"[5]。人们愿意相信一个在市场经济下重获新生的上海，和百年前烟雨风华的上海滩的共性，"三四十年代的上海和90 年代的上海分享了共同的城市记忆，这样的上海带着一种欣然的姿态再一次亮相并风姿绰约地在一派 'Light, Heat, Power' 中重新占据人们的想象空间"[6]。

　　怀旧既为了溯历史之源，也为了发展经济。20 世纪末，世界各国都进入了公共记忆以及历史保护运动的全盛期，遗迹保存成为文化和经济发展最普遍特征。"汹涌的博物馆化文化"[7]的潮流里，数量众多的新地点和新物品先是被人们鉴定为具有深远的历史意义，进而被隔离起来以便展开各色纪念活动。在这些公共遗迹中人们所寻找的历史意义的范围也被扩大了，从政治的角度来看，对遗迹的保护发生了民粹主义的转向；从商业的角度来说，遗迹又变成了全球产业链中的一环。[8]

　　这股全球的浪潮中，西方带有批判性的故事版本通常以 19 世纪末巴黎奥斯曼大改造为起点，指责它所带来的痛苦的"创造性破坏"[9]。此后，著名的历史事件聚焦于 20 世纪 60 年代以简·雅各布斯为代表的纽约地方积极分子身上，他们说服了政府当局立法保护历史建筑以防它们被推土机推倒，却面临着对"潜在的反现代主义文本"的质疑。[10] 进入 21 世纪后，更尖锐的观点指向"所谓遗产不过是晚期资本主义制度狡诈地利用了都市居民的身份迷失感以及对返璞归真的渴求"[11]。

　　上海的故事版本虽晚近许多却大致相仿。上海百年近代史留了大量具有高度（市场）价值的文化遗产，它们被视为最为宝贵的城市资产，以历史为题材的街道、街区纷纷涌现。石库门，小马路，梧桐树，咖啡馆以及滥觞于上海新天地的"文化觉醒"[12]，让这座城市越来越多地涌现出同一的历史景观：武康庭（2007 年）、衡山坊（2014 年）、幸福里（2015 年）、黑石 M＋园区（2020 年）……每一个片段，写在历史建筑铭牌上的故事自然是不一样的，但每一个又有些相仿，石库门作为传统生活的符号被广泛应用于新建成环境中，废墟中精心收集来的一砖一瓦被赋予了承继意义。历史纵深的波诡云谲与当下潮流的摩登组合，这似乎是当下上海本土都市景观的一种固定搭配，正合乎了人们对传奇都会的集体想象。当上海乃至全国涌现了大量新天地的复制或拟像[13] 之后，各种争议纷至沓来：既有建筑肌理的保留和再利用只是

武康大楼公众感知变化（实景照片选自携程网"武康大楼"景点评论）

2019 年改造前，武康大楼并不算是知名的景点，会有一些喜欢历史建筑的人去看，也在贴吧论坛写一些个人评价——"古朴、神秘、鲜明、沧桑、痕迹"；"个人感觉并不漂亮，但是非常庄重""一看就有民国的感觉，但是里面出来的居民又觉得是当下""很像一艘昂首海上的船"。还会有各种角度的细部照片上传——转角挑阳台、三角形古典山花窗楣、外廊式建筑、七楼阳台上抽烟的人。2019 年改造后就有些不一样了，凌乱的雨棚、晾衣架、空调机被拆除或规整后焕然一新，原先半空中网罗着武康大楼的电线没了，大楼的底层业态也做了调整，引了一些网红店的进驻，街对面地上甚至增加了一个"最佳打卡点"的标识。所以今天再去看武康大楼，最令人错愕的便是熙攘的人群和无数手机屏闪耀——半空中粉色的冰激凌、"我"、优雅的建筑和法国梧桐，在取景框中定格，图像分享带来了武康大楼的迅速传播，这是几年前不能想象的情形。

局限的原真性，结果可能是生成了有歧视性的消费空间[14]；精致的物理空间不能掩盖社会保护的缺失，传统的社区生活受到莫大的冲击[15] 等；其间，还混杂着一些听不大见的小故事或微弱、无奈的呐喊声，传递出原住民的抗争。这与全球遗产保护运动潜藏着一个共同的危机：文化遗产的矛盾在于，尽管它扎根在我们熟知的环境之内（英语单词 heritage 本身就和家族的遗物有关），它们只有在开始展现自身异质性的时候才能拥有价值……当人们把一个物品当作遗产来对待时，就不可避免地打开了存在于"我们"的日常生活和"他者"的日常生活之间的缺口，而后者则成了人们博物馆化欲望的对象。[16]

"同一时代的文化意象具有相似性和特定的可辨认性，这些意象总体上构成了这个时代的辩证意象。"[17] 也许，石库门之于 21 世纪上海的文化意象正如拱廊街之于 19 世纪的巴黎。

历史城区、历史性城市景观与废墟

2022 年岁末，废墟中重生的张园开放了，张园在"保护性开发"后，承载着市井记忆的老式弄堂将正式变成影像中的叙述，伴随着拥挤杂乱的里弄生活一起，成为历史的叙事。故人、新人纷纷去探访，小红书的评论里却弥漫着失望。"今天路过张园，曾经被人间烟火摧残的张园处处灰头土脸一片狼藉，现在经过资本的呵护人见人爱了"；"现在的张园应该也是美的，但缺少历史积淀的美，以前的张园才是真正的张园"；"一个个想把自己打造成新天地，却已经失去了原有的味道"；"上海也不需要十几间 LV、Dior"；"不要去上海张园，很无聊"。除了这些个体的声音，新闻通稿的描述多是：上海现存规模最大、保存最完整、建筑形式最丰富的石库门建筑群；上海 730 万平方米里弄建筑中张园成为"保护性开发"的卓越典范。[18] 另外从商界也传来消息，太古地产的介入极大地提升了张园地区的商务能级，从资本运营角度张园无疑获得了极大的成功。

才开的张园要预约，门口守着三两保安，虽然去的那天还下着雨，但排队拍照的人真不少。最夺目的是中央庭院"冬日梦幻花园"的 DIOR 无限梦境艺术装置，以一幢三层的花园洋房为背景，时髦闪亮。一点点怀旧、异域与前卫的糅杂，恰到好处的时间流逝与沧桑感，一个完美的、露天的街道博物馆。上次溜进来过的那条支巷湿漉漉的，空无一人，只是旧的破败被修缮后反倒显出新的粗糙，一种灰色的衰老就附着在其崭新的外表上。想起张园的一片寂静中曾散落于空房间地上的塑料花，还有摆在巷子里开得正艳的绣球，上个世纪日常的老物件伴随着废墟中凝固的一段时光，触手可及。它与此刻的一切，究竟哪个更真实？

"在某种意义上说，已逝的历史并非贮存在博物馆中，而恰恰是凝聚在无人光顾的废墟里"[19] 本雅明在《历史哲学论纲》（1940）也说到，"每一个尚未被此刻视为与自身休戚相关的过去的意象，都有永远消失的危险"。没有在张园上一段生命历程中见过它，但幸运的是，曾经偶遇的废墟中的张园已存于记忆，真实的破败胜于虚伪的光鲜。

随着生存道德与文化道德下的抉择，随着一代人的谢幕和离去，更多的张园将被推向它们未知的命运。上海重新成为一个寄托了国人欲望和梦想的乌托邦之城，一个巨大的市

百年张园（来源：ifeng. com）

场意识形态的经济—文化符号。大都市的繁华、开放与自由，对财富的崇拜与个性的张扬，对未来美好生活的憧憬……这一切又重新塑造了这座大都会的历史与体验。

"站在一个至高点看上海，上海的弄堂是壮观的景象。它是这城市背景一样的东西。街道和楼房凸现在它之上，是一些点和线，而它则是中国画中称为皴法的那类笔触，是将空白填满的。当天黑下来，灯亮起来的时分，这些点和线都是有光的，在那光后面，大片大片的暗，便是上海的弄堂了。那暗看上去几乎是波涛汹涌，几乎要将那几点几线的光推着走似的。它是有体积的，而点和线却是浮在面上的，是为划分这个体积而存在的，是文章里标点一类的东西，断行断句的。那暗是像深渊一样，扔一座山下去，也悄无声息地沉了底。那暗里还像是藏着许多礁石，一不小心就会翻了船的。上海的几点几线的光，全是叫那暗托住的，一托便是几十年。

这东方巴黎的璀璨，是以那暗作底铺陈开。一铺便是几十年。"[20]

王安忆《长恨歌》中呈现出上个世纪上海弄堂连绵深远的景象。曾经以里弄为主的传统居住空间是上海中心城区绝对的主角，而经历过 1990 年至今 30 年的城市发展，这样的图底关系反转了。里弄不再是一个能够托起那些流动光影的沉沉的底色，而成为了一个动荡不安的基础，波涛汹涌只是一种文学性的怀念。那些近年崛起的高层建筑反过来变成一个个海浪中的锚点，稳如磐石，成为了中心城区新的依附与坐标。深渊一样的"暗"变得浅薄，悄无声息变得嘈嘈切切。在大规模改造动迁的浪潮中，收旧货的外乡人快速地占领着各自地盘，在弄堂口留下各种各样的记号，鼓励动迁的红色标识牌和横幅随处可见。地方政府和民间社会的力量都在提醒着居民眼下正发生的变化。不论当下的动迁有没有直接覆盖到自己的弄堂，弄堂里的人无不在谈论着动迁的话题，能分到多少钱，拿到的钱和房子要怎么分，以后打算去到哪里。里弄作为一个整体的巨大体积一步步被消解了，成为被保护的历史，成为了被光所簇拥的暗。

俯瞰已经高楼林立的上海历史城区，北外滩和苏河湾已经重启，苏州河南的动迁如火如荼，西区的梧桐树下网红街道层出不穷，却也依然有人在安静地生活。许多老房子落寞着，有的被拆除了，有的被封存起来，也有的被重新包装赋魅。一些街道消失了，成为了只在回忆里的地名。这是一个动荡的生命体，在挣扎着抖落历史的缠缚，在绳索与肉体间摩擦出瘢痕，凝固成痂，废墟就在这样的剥离中游移，从一个地点消失，又在另一个空间出现，伴随着新生命的孕育。

　　每个时代都在创造着缠缚自己的绳索，也必然在创造着自己的废墟。

眺望上海中心城（来源：网络）

"灯都开了，这一岸是殖民时期到欧洲古典建筑，大石块的墙面，乔治式平顶，偶有几座哥特尖角，但不显著，沿江岸拉一道弧度。灯光的设计大约采自于现代的欧洲，那些中世纪的古堡，在自下往上的灯光里，青苔与石缝刷地绽开了。在此，灯光贴了洗过的墙面上去，均匀平滑，只在突出的石砌的窗台与窗楣上方，投上暗影，有些像古典戏剧里巨大面具的笑脸，带几分阴惨，是穿过历史幽深隧道的尘染吧！而这多少是奥秘情调的灯光，立即被那一岸的强劲光芒压抑住了。那一岸是近年内的新建筑，球状，方尖碑状的几何形，高和大，突兀在黝黑的江岸，将那崭新、锐利、立体的灯光砸在狭窄弯曲的江面上，并发出跋扈的气派。人在其间走着，不禁生出渺小的自卑感，可是因为人多，就又昂然起来。"

第二章　废墟之城-时间之城

时间之流裹缚万物，不舍昼夜。

凝视（和思考）着一座废弃的城市或宫殿的残垣断壁，或是面对着历史的消磨所留下的沉默的空无，观者会感到自己直面往昔，既与它丝丝相连，却又无望地和它分离[1]。废墟，这些隐藏的"空或无的场所"对城市而言意味着什么？光亮背后的黑暗？严密运转的都市成长机器中宝贵的自由与失序？自然的鸟叫虫鸣重新占了上风的都市荒野或百草园？还是一段悬停的时间？

凯文林奇在《此地何时》中谈到，人类的时间感是一种受各种外部时钟影响的生物节奏，时间意象的质量对个人幸福感至关重要。不同的情感依附于不同的时间状态一过去、未来、快、慢、悬停、突如其来。突如其来，譬如以意料之外的方式突然降临的"记忆"。悬停，时间的静止感，"伟大的现时"——即在某个特别的瞬间，某个我们意想不到的无法轻易抵达的特殊地点，事物以崭新而异常陌生的面貌出现。[2]废墟，时间之城。历史的记忆，未来的回声，凝结于此刻的永恒。

是谁在城市生命的废墟上寻找飘散的意义？巨变的时代，是谁在捡拾时光的碎片？

废墟的想象与真实

一座城能唤起怎样的情感？西川的《我并不怀念那个旧北京》，比起所有伤悲北京城墙被拆、追思古都风貌的文论，更令人触动。

北京是一座如此拥挤的城市，可它的中心地带却是空的。它的核心部分，即紫禁城里那九千九百九十九间半房屋全然寂寞无声。说那些房屋是空的可能并不正确，那应该是幽灵，至少是记忆幽灵的栖居之所。

无比有，空比实，更能激发想象力，特别是历史想象力，以及形而上学想象力，以及针对永恒的想象力。今日的紫禁城是一座空城。我听说，在夏、秋两季，每当游人在傍晚被清出紫禁城后，宁静的夕光便会为那些庞大的建筑投出更加庞大的阴影，而太和殿前肃穆的广场上便会落下成千上万只乌鸦。这听来的情景令我想起但丁《神曲·地狱篇》中的地狱第二圈：那些生前的好色之众死后变成乌鸦永无息止地飞旋，形成乌鸦的风暴。那些乌鸦多么渴望能有这样一座人间空城可以略事休息，无生人打扰，自由自在。

故宫从未进过，只有一回早晨看天安门广场升国旗，遥望金水河北，凝神默想过里面的样子。圆明园倒有一次偶遇，进园已夕阳西下，却有好些老乌鸦蹲在树枝上，一副伴随帝王将相的矜持，斜眼看人。空廓的旷野，颓坏的宫殿遗存，荒草荆棘中偶有野花烂漫。故宫，或圆明园，我相信它们都是北京的灵曦所在。

除了西川的北京，还有帕慕克的伊斯坦布尔，那也是一座有着废墟般忧伤的城市。

我出生的城市在她两千年的历史中从不曾如此贫穷、破败、孤立。她对我而言一直是个废墟之城，充满帝国斜阳的忧伤。

伊斯坦布尔辉煌的历史和文明遗迹处处可见。无论维护得多么糟，无论多么备受忽视或遭丑陋的水泥建筑包围，清真大寺与城内古迹遗迹帝国残留在街头巷尾的破砖碎瓦——小拱门、喷泉遗迹街坊的小清真寺——都使住在其中的人为之心痛。这些东西可不像在西方城市看见的大帝国遗迹，像历史博物馆一样妥善保存，骄傲地展示。伊斯坦布尔人只是在废墟间继续过他们的生活。

"呼愁"不是某个孤独之人的忧伤，它是某种集体的感觉、某种氛围、某种数百万人共有的文化。它表达了无人能够或愿意逃离的同一种悲伤，最终拯救我们的灵魂并赋予深度的某种疼痛。[3]

帕慕克写作《伊斯坦布尔——一座城市的记忆》是1950—1975 年间，衰亡帝国的辛酸记忆、垂死文明的哀婉愁怨，以及失落的繁华梦包绕着伊斯坦布尔，它是个废墟遍布的城市，贫民区、烧毁的街道、建筑和塌墙，带给人们一种混乱、朦胧的忧伤，也赋予伊斯坦布尔庄严之美的"呼愁"（huzun）。

伊斯坦布尔，曾于早年短暂停留，刚露出晨曦的黎明，四下清真寺阿訇诵经的长调便此起彼伏，犹如直入灵魂的训诫。挨到天亮出门，街灯刚灭，彼时的伊斯坦布尔已从沉沦中爬起身来，巨大的明星广告牌照耀着昏暗的街面，赶早开张的小店传出轻快的土耳其音乐和甜滋滋的香气。但即便是这样你依然能看见一层淡淡的忧伤，一点一点地从奥斯曼帝国消散后的残碎大地上冒出来，像一层淡蓝色的雾霭，笼罩着博斯普鲁斯海峡的这片大地。"呼愁，一种介于肉体痛苦与悲伤忧虑之间的感觉"[4]，它令伊斯坦布尔成为如此迥异独特的城市，令人沉思怅惘。

可是，记忆中的废墟也并不总是这样，譬如今天的罗马城，以及荣耀罗马帝国散落在地中海艳阳下的那些历史碎片。高大伟岸的罗马松和那些古代城邦中的断壁残垣一起投下它们长长短短美丽的影子，这一点也不忧伤，甚至让人觉得某种对人类美好童年的向往。位于土耳其的以弗所（Ephesus），在满地瓦砾中可以还原一个滨海小山城的全部想象。露天图书馆、露台屋、市公会堂、神庙、浴室、上层集市、下层集市。令人惊异的是一处正修缮中的贵族住宅，满溢阳光的内庭，有座椅的环廊，庭中可爱的小喷泉，公元前 2 世纪的生活如此欢畅。还有大名鼎鼎的庞贝，如洗的月光下，一幕华美的歌剧在废墟剧场中上演，观者内心涌动的只有崇高，以及对渺小自我的觉知。

废墟，Ruin（英语）、ruine（法语/德语）、ruinere（丹麦语）与"落石"（falling stone）的意念相关，其意味带有石质结构的建筑遗存永恒、壮美以及带有悲剧意味的"崇高"之美。[5]

建筑废墟在文艺复兴之前就已经出现在西方绘画之中，并在 16 世纪进入园林设计。但只是到了 18 世纪，对废墟多愁善感的感怀才终于渗透进入各个文化领域，"我们这个时代有关废墟的流行观念是 18、19 世纪卢梭、霍勒斯·沃皮尔等人浪漫主义的产物"，废墟同时象征着对"瞬间"和对"时间之流"的执着——也就是说一座古希腊古罗马或中世纪的废墟，既需要腐朽到一定程度，也需要在相当程度上被保存下来，以呈现悦目的景观，所谓"如画的废墟（picturesque ruins）"。[6]

而在有着木构建筑传统的中国，废墟作为一种文化意向缺乏相应的审美传统。公元前 5 世纪至公元 19 世纪的中国传统绘画中，对于建筑废墟的表达数目寥寥，而相关的古诗，多是追忆往昔、凭吊怀古，指向一种木构传统下建筑风化、归于尘土的"空无"而引起的"伤逝"审美。20 世纪后中国建筑废墟观念的建构，同西方的废墟观念传统休戚相关。早期对废墟的关注可追溯至战争年代由西方摄影师创作的废墟摄影，因废墟和悲惨的战时场景的关联，使人们自然而然地将"悲剧""创伤"移情其上，艺术家纷纷将其作为一种自我牺牲精神的象征，传达着人们抗战的决心。抗战胜利后，废墟作为过去与未来之间的过渡空间和摸索时期的象征，在"悲剧""创伤"基础上又被赋予了"重生""希望"意味（电影《小城之春》等），并在 20 世纪 70 年代末"星星美展"前后重现，涌现出一批先锋艺术家（黄锐等）与作家群体（《今天》）进行相关创作，作品也依然极具象征主义和浪漫主义倾向。

《小城之春》在城墙废墟上起舞（1948 年）；黄锐《圆明园：新生》（1979 年）

　　在随后的经济浪潮中，圆明园等历史废墟被卷入商业化的日常生活，成为名胜古迹，而 20 世纪 90 年代启幕的旧城改造"制造"了大量城市废墟，"半毁的房屋成了这个过度拥挤的城市里的'黑洞'，人们每天路过它们但对这些地方视而不见，仿佛它们根本就'不在那儿'，这些废墟因此是城市中的'给空间'，只有艺术家会费心为它们填入自己的幻想和记忆"[7]。中国当代艺术界开始以实验摄影、装置、行为艺术和电影作品等多元方式记录拆毁的民居和废弃的工业区，譬如：张大力在《对话》系列中的作品《拆，紫禁城》，是一个关于身体、紫禁城与四合院废墟状态下的视觉对话。艾未未的临时景观与来自汶川的钢筋是对工地废墟与事件废墟的一种记录，以一种档案的方式呈现了一种去审美化方式的城市政治学景观。姚璐的"新青绿山水"系列的创作过程则是伴随着中央美院美术馆的建造过程同时产生的（矶崎新设计），工地状态的废墟从景观（Landscape）被转化为景观/景象（Spectacle）。这些艺术家"从不把自己融进废墟，而是谨慎地保持着和表现对象之间的距离"[8]，显现出他们对废墟批判性的空间认知

张大力《拆》《对话》（北京）（1998 年）；曾力《水城钢铁厂》（北京）
（2004—2006 年）

和"渴望对话"的废墟表达。

在那之后，中国经济增速开始放缓，城市化目光聚焦于新城，城市的大拆大建被约制，废墟散落并隐匿于都市，与废墟相关的艺术创作则多束之于美术馆高阁。直至新近，都市废墟的故事重新又多起来，包括大量以废墟为主题的、美术馆中的艺术展览，在废弃公建、烂尾楼等建筑废墟中进行在地创作的艺术活动，以及邀请公众参与和表达的公共展览，例如 2019 年《共同的节日：废墟艺术计划》《症状空间：野进》以及 2023 年外滩公共艺术季老城厢废墟中的猫。一定程度上，这与 20 世纪 90 年代"渴望对话"的废墟表达非常相似，或许这表明，从"拆改留"到"留改拆"，城市更新从未停止它的脚步，往复重生于废墟之中。

2019 年国庆期间，第三届"上海城市空间艺术季"开幕，杨浦滨江南段废弃工业厂房的点亮，将久被忽视的工业废弃景观引入公共视域。这些真实的场地遗留的工业构筑物或是其他印记，不再被看作讳莫如深的城市伤疤，反倒带着复苏和生命重返的希望。地方政府点亮全无修饰的都市废墟的公共文化事件展现了一种有别于过往的态度，废墟不再是一个被高墙或栅栏遮蔽的物理空间，而是变成了一种景观，混杂着复杂的城市记忆、文化基因以及某些消费意识的景观。

后工业、废弃景观与城市探索

伴随着西方城市进程进入后工业化阶段，资本的流动性和不确定性与作为固化资本的建成环境剧烈冲突，大量的城市空间在被资本裹挟的不断摧毁、重建的变迁中，皆需经历或短暂或漫长的废弃阶段。[9]

艾伦·贝格（Alan Berger）在《景观都市主义》一书中正式提出"废弃景观（Drosscape）"[10]一词，视之为城市空间生命周期的一部分，是城市社会-经济过程的阶段性结果，也是城市增长必然的伴生物[11]，他并不主张寻求一种所谓的可持续土地利用方式，或采用美化整治等一般的规划专业观点。[12]无论是居住废景或是基建废景等等，"废弃景观远不是失败的标志，它证明了以往城市的成功，并为其延续提出了设计挑战"；而"废景演进（Drosscaping）"，作为一个动词，是把废弃物转化成某种程度上更具生产力的城市化景观的社会过程[13]，连结起过去与未来的城市空间。

相较于在城市研究领域和景观都市主义理论中提出的专业名词——废弃景观[14]，**废墟（ruin）**是更加笼统和大众化的表述，指向"基本结束了资本主义利用阶段（capitalist use-life）的地点"，即在空间生产链环中凝滞的空间。废墟的概念较废弃景观更为宽泛，也在城市规划设计专业领域中的历史建筑、遗产保护议题里频繁出现。[15]

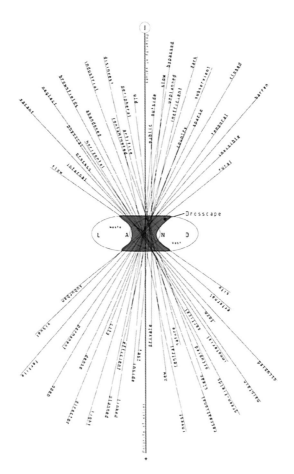

Drosscape Diagram[16]

与废弃地（waste/derelict/abandoned land）、棕地（brownfield）以及剩余空间（residual space）等概念比较，废弃景观（drosscape）通过"dross"在词源上与 waste、vast——均常用于描述当代城市化进程——两者的紧密联系，强调它与城市发展相伴相生，是处在动态过程中的、不定形的实体，且具有被重塑和景观化（resurface/scape）的潜质。而废弃地可理解为废弃景观的一部分，如被污染的河流、赋闲的传统城市绿地；棕地更关注受污染土地的生态过程与治理手段；剩余空间则旨在跟踪和解决规划设计定义不明的小面积城市空间的利用。

国际上对废弃景观的讨论常聚焦于动态性、过程性与社会经济更新的视角。譬如，建议考虑对废弃景观的过渡性使用[17]，使其重新被社会、环境、经济活动所填充，在没有大量资本注入的情况下，通过公众的关注和社会团体自下而上的利用[18]，从"景观的阴暗面"夺回空间控制权，并为后续的正式使用前景提供试验和催化作用[19]。又如，国际人类学领域对城市探索社群的研究，废墟是"城市探索（Urban Exploration，UrbEx）"社群活动的主要对象[20]，起源于18世纪末的法国巴黎，被实践者概括为"废墟"的探索对象包含地下（underground）管道、地上（above the ground）高楼屋顶等带有禁忌意味的建成环境限制区域。[21]

国内城市学者、建筑师与废墟的对话，也在持续地展开。王澍曾经说从城市"废墟"中重新找回时间，因为对中国建筑师来说，如果不去思考"废墟"这件事，就不够当代中国，这是一个很基本的问题。如今在城市里，已经基本找不到任何有时间积累的痕迹了。所以从2000年开始，他经常带着学生去废墟里，或是站在拆房子的现场，开始讲属于他们的第一堂建筑课。张宇星在其主持策划的2019年深港城市＼建筑双年展中，以废墟为旨，改造城中村的废弃厂房、民居建筑，以之作为创新性土地使用的规划设计试验田。他解读"'废'即人对废墟的使用状态，'墟'指废墟物的存在状态，构成废墟坐标系的两个维度"[22]，坐标的意义在于：原点状态即观看而不使用，两极则分别是包容多样的临时使用和重新注入固定使用功能。但现实中，大量废弃景观很难在坐标系中找到自己的位置。城市废弃景观目前仍处于一种"不被看见"的状况，空间上的遮蔽以及对社会公众的隔离，无管理、无记录，使之既不"包容"，也难以为新功能的注入提供基础，这些被剥夺了身份和意义的空间成为了"非地方（non-places）"。

踏入废墟，游走在那些上一个生命周期生息尚存的尾声片段，记忆残存是重要的，即便那些时间堆叠中的人与景物不过是往昔生活的负累。"没有人类干涉的世界，依旧日月盈亏，寒来暑往，大自然收复失地的速度展现着它的包容与残酷"[23]。也正因此，城市探索不只是满足好奇探险的人类天性，更是久远的关于生存之意的探索。西川说，能让人游荡的地方是一定有诗意的，而一个城市的诗意来自于它的文化记忆，这并非指向那些钢筋水泥的新古董，而是那些真正保留记忆、保留忧伤的地方，比如幽灵栖居之所——废墟。[24]艺术史家巫鸿在《废墟的故事》中，记叙了他在洛阳附近的嵩岳庙里和一位老和尚的交谈，"要想懂得一个庙，你得留心它的大殿和殿前的树。如果大殿是新油漆的，金身如新，你就知道这个庙的香火盛，是个好年头。如果院子里的树木很古老——是死是活倒不要紧——你就知道这个庙有年头，有一个悠久的、受人尊重的历史"。老和尚的话揭示了一种内在的文化视角，不断翻新的建筑和自然枯萎的树木，都源于历史，都属于当下，也都在迎接着未来，正是它们之间的张力和互动造成了这一历史场所的复杂的时间性。[25]芒福德关于城市既是精神磁石又是生活容器的描述中也写道，"后世一系列的城市组织形式，从庙宇到天文观测，从剧场到大学，都发端于先古时代人类围绕着古冢或岩画，围绕着某处巨岩或圣树丛举行的那些古老集会之中……在城市成为人类的永久性固定居住地之前，它最初只是古人类聚会的地点，古人类定期返回这些地点进行一些神圣活动；所以，这些地点是先具备磁体功能，尔后才具备容器功能的，这些地点能把一些非居住者吸引到此来进行情感交流和寻求精神刺激；这种能力同经济贸易一样，都是城市的基本标准之一，也是城市固有活力的一个证据"[26]。

在哪里会感觉到这种深藏于人类内心亘古的磁石般的吸引呢？当庙宇、教堂、宗祠日渐形变或消散。若想在废墟中"发现"城市的灵魂，将这些废墟看作城市"精髓"的表现，你就得踏上布满历史偶然性的小径迷宫。

佛跳墙废墟探索

第一次听闻"佛跳墙废墟探索"（God use VPN）是一次工作室读书会，2018年3月才成立的城探豆瓣群组[27]，热门的亚文化社群[28]，工作室的 X 是这个小组的早期成员。作为国内城市探索者群体重要的交流平台，这个小组成员至今已近四万人（2023年4月）。探索范围广至海外法国、日本，国内则多集中在京津冀、长三角和东三省，记录的废弃景观类型包含有废弃工厂/厂区、学校、公寓、民居古宅、游乐园、影剧院、酒店会所等等。小组具有相对成熟的文化规范、线下活动组织方式，以及衍生的"佛跳墙呼朋引伴"等小组和微信群。此外，小组鼓励"废墟文化""探索经历"的交流而不仅仅是摄影分享。

身处喧闹的视觉中心世界，裹挟于图像或观念张扬传播的景象洪流，豆瓣的这个群组是独特的，他们好像是一群对一切消逝的日常留恋不舍的人，他们在慌乱地和时间赛跑，虽然在席卷都市的时空压缩中，目睹着物事飞速地被抹掉，会惋惜的人并不太多。

可能是上海最像切尔诺贝利的地方　城南碳素厂 A一，0

来自：luerdelphic　2019－09－27　11：14：40

2021 年更新，本片场已被改造，照片内建筑原貌大多已不存……

最近改造太快（上半年去过的梅陇二村附近的力波啤酒厂，现已开始改造，不再对外开放）

五一去的时候，一处文革标语还完整"抓革命，促生产。"

几个月时间，挂了几十年的标语就掉了一个字，而且竟然没有被修复，真心痛。

说什么好呢，对于你觉得很重要的东西，

在别人看来可能只是垃圾，

这甚至没什么对错。

"五一拍的，字还完整，几个月的时间，挂了几十年的标语就掉了一个字"

上海城隍庙附近即将要拆除的小弄堂 难度 0

来自：逗友 1234567 2019 - 09 - 13　16：05：08

无意看到本组，才发现有许多同好！

手头并没有已经荒废的景象，发一些路过的时候记录了一些即将逝去的上海老城区。

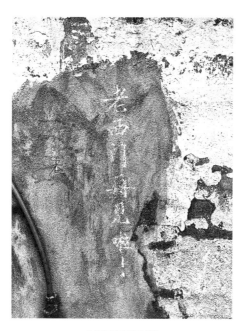

"老西门再见啦"

他们好像沉迷于令人心悸的废墟之美——罗斯金在《建筑的七盏明灯》中曾专门讨论：随着时间推移而变美的建筑风光是其创造者未曾料到的，废墟之美来自于建筑物矗立数百年后才会浮现的细节，来自常春藤缠绕，来自远处的岩石、天上的云和滔滔的海洋。新建筑绝无所谓如画之处，它要求你观看它本身，唯有在历史赋予建筑偶然之美，赐予观者意外的新看法，它才变得美丽如画。

沪　废弃影剧院 B - 0
来自：Maruru 2019 - 12 - 05　00:23:00

楼下的舞台上有人在拍人像，我们就直接上楼了。

有一种藤曼长得很古怪，竖直向上长，看起来很像房屋的毛细血管或者汗毛。

整栋大楼都被藤蔓缠绕，密集，杂乱无序。从前院到后院，层层叠叠的感觉，有种诡谲的黑暗童话感。

隔着被锁的正门向外看，玻璃朦胧，我们是在废墟里还是废墟外？

天上下着小雨，河流泛黄。街道两旁都是落后于时代的产物，很多被拆的私人住宅。破而后立，也是时代的一种缩影吧。

他们好像触摸到了等待着、迎接着他们的灵魂。废墟里，他们看到停滞的时光，世间原本有一种不可通融的法则——时间法则，但似乎废墟中他们站立凝神的那一刻，时间在反抗着什么，钟摆停止，甚至倒回。

我在香港荒废小学里遇见了一群小学生
来自：乌陵 2018 - 05 - 04　18:45:01

和传说中此地的氛围恰恰相反，也或许是由于白天造访的缘故，它非但没有阴森恐怖的气息，反倒因着无处不在满眼茂密浓郁的绿色和残留于落叶间的红花，竟多了几分娇俏可爱之感。我和队友绕过了大门——门卫在操着我听不懂的语言

"疯长的湿润藤蔓"

大声地与电话那头的人对骂————绕到了学校的背面。

　　课室的玻璃窗也只剩下窗棂，剥落的墙皮像异世界的地图，课室内唯一存留的椅子，已经"不堪重负"倒下了。

　　有趣的是，随着荒废时间的增长，这些课室却越发鲜活。树根依附着墙面攀爬蔓延，墙体中生出了"触手"。大自然接管过人造物后开始改造成它自己喜欢的模样，有些不伦不类的遗憾，却也有些似是似非的碰撞美感。

　　"你看，这个挂钟的时间是准的欸。"我们站在唯一一间有时钟的课室里，队友突然指了指墙面。

"什么，还在走吗？"我继续拍照片，并没有抬头看。

"不，已经停了。"

我终于抬起头望了眼那个其貌不扬的挂钟，又对照了下手机时间。

13：53，难以置信，时间一分不差。

我们从内陆乘船前来香港，又坐地铁来到这片郊外的荒废小学，而踏进这间屋子不过半分钟，是有多小的概率才能赶上这样的巧合？

来不及细算，我们听到了窗外传来异样响动，连忙俯下身。

队友小心翼翼地蹭到窗口向外张望，然后站了起来。

"没事，一群小孩子罢了"。

"喔"，我也向外看去，楼下一群穿着校园制服的小学生们在打闹，不知怎么翻入了围墙，又跑又唱，嬉笑声足以传到对面的街区。而围墙外的环卫工也似乎没有看到他们，自顾自地扫着地，大概是已经习惯了每天放学后都有群娃娃跑来这里撒野，或许他的孙子也刚好是这般年龄呢。

折返时，队友提出不要原路返回，而是顺着方才那群小学生跑出的路线出去。我侦察后发现那条道路过于靠近门卫室，有极大可能被保安直接看到，故决定不铤而走险。

然而我突然意识到：那群小学生，他们是如何离开的？

此时此刻，我恍然感觉自己正置身于大雄课桌抽屉内的时空隧道，周围天地间旋转着方才那间课室里所见形态的时钟，忽大忽小色彩缤纷。我像是位莽撞的未来闯入者，不小心窥见了历史长卷中的某一页。站在时光的节点上，眼见的都是真实，触碰到的却全是虚无。

　　他们来无影，去无踪。就像他们才是活的，而我们只是被囚禁在时空界限的透明局外人。

"13:53，难以置信，时间一分不差"

油画般的长廊

　　"在生命中的某个时刻，我们都会体验到一种特别的时间悬停感，一种吸引了我们所有注意力的'伟大的现时'，它似乎一动不动地悬浮在我们面前。这是一种强烈的、神秘的个人体验。事物并不是隐藏在习惯意义的面纱之后，而是向我们直接呈现……这不是时间的中止，而是一种重要的静止感，在这里变化和时间似乎立刻变得容易理解。永恒和消逝，快速的生物节律和漫长的周期，似乎全都在这里。"凯文·林奇在《此地何时》中所揭示的"永恒现时"，正是加斯东·巴什拉在《空间的诗学》中所指"在某类特殊地点能够催生的时间静止感"[29]。在喧嚣归于沉寂的废墟，时间的印痕在黑暗中显影，时间的骗局还于真相，时间是历史亦是未来。也是2018年，工作室的都市观察刚刚开始。作为一个异乡人，在切身经历上海这30年的巨变后，愈来愈深地感到未知与迷茫。行走在上海的街巷，有一种很清晰的疏离感与陌生感，上海这座曾经赞叹铁水光芒的生产城市蜕变为高楼百丈、灯火摇曳的消费城市，历史城区烟火日常的生活风景在渐渐消逝。我们，他们，似乎冥冥中在某个时空相遇，被关闭着却草长莺飞的厂区，拆迁了却一直虚待光阴中的里弄，一半寂静一边却生气勃勃的街道，还有一些夹杂于各种繁华中的被遗忘或无暇顾及的角落，这座城市还隐约着无数废墟般存在的地点。有的已深藏地底，有的沐浴着光耀，还有些暂时封存被遗忘的地点则需要想象力才能被发现，那些小径分岔的花园等待着谁？

　　上海，和伊斯坦布尔或是北京多么不一样，这是一个骨子里渴望新生的城市，这个乐观主义的圣地，"不能容忍人们随意走向忧伤，它没那个时间"[30]。这一切仿若巴黎。

第三章　穿越景观的迷雾

巴黎，现代性之都。彼德莱尔的闲逛者、本雅明的游荡者、德波的情境主义者，他们都因身处一个"许多事物都以飞来横祸般惊人速度变化的时代"[1]，因为自我的孤独与沉思，而成为时代的异己者和陌生人。他们身处喧嚣躁动的都市人群之中，却又和人群保持着心灵的距离。

20世纪60年代的巴黎，现代主义、功能论和消费主义大行其事，神秘、隐晦的巴黎被整饬一新，失去了需探索和发现的巷弄角落，成为只符合特定阶层期待的、商品化的、景象化（spectacle）的巴黎。年轻的情境主义者们——德波和他的伙伴，除了在当时巴黎行将消失的街头巷尾游走，还去探索了城市隧道、废弃房屋等被人们遗忘的地点。这是他们反抗景象化的基本实践——漂移（dérive），一种穿过各种各样周围环境的快速旅行的方法或技巧，一种完全不同于经典的旅游或散步的幽默嬉戏的情境建构行为。

今天"发达资本主义时代对中国人来说已是一种具体而复杂的感性认识……都市人的异化、商品拜物教、忧郁和理想等现代性的基本母题变成中国人必须在自己日常经验里予以处理的创伤和震惊"[2]，多样的步行主义实践预示着"把质感和特性归还给场所，并赞美自由嬉戏"。

德波及其情境主义

在中文语境里，居伊·德波（Guy Debord）和情境主义是个有些冷清的话题。"情境主义国际"孕育于20世纪中期的法国巴黎，他们是先锋艺术与哲学团体"情境主义国际"（SI, Situationist International, 1957—1972）成员。作为20世纪中后期欧洲非常重要的一波社会文化思潮，它既是直接影响欧洲现当代先锋艺术和激进哲学话语的重要思想母体，也是消费社会批判理论、后现代思潮的关键性学术资源。[3]

在德波[1]25岁那年，他成为情境主义国际（SI, Situationist International, 1957—1972）的创建者。在德波35岁那年，他以费尔巴哈的话来做《景观社会》（The Society of the Spectacle, 1967）的扉页题句：人们喜欢复制品胜于原作。《景观社会》描绘了20世纪60年代已进入消费时代的巴黎，新的市场策略、新的信息媒介如同控

1952年刊登在《离子》上的德波相片

1952年，年仅22岁的德波，将自己的一张照片发表在字母主义的杂志《离子》（Ion）上，他经过深思熟虑的处理，故意让相片像布满尘埃，意味着岁月流逝；图像模糊不清并带有许多污痕。"他不想在发表的影像上被看得太清楚，是为了确保他本身优先于自己的影像。而对于那些满足于表象的人，他只留下一些残缺、划损、反射的影像"。

制生产一般控制了人们的消费和闲暇。"异化的闲暇"[5] 介入了城市空间的方方面面，俘虏大众的全部注意和意识，将思想、经验呈现为图像和表演的高度技术化、风格化的版本，却没有提供真正的多样性和深度。"spectacle"和"landscape"在中文里通常都被译作"景观"，然而"landscape"指向空间物性，"spectacle"则指向缺乏社会经济等现实的一种虚浮的、图像性的"呈现"，它来自于拉丁语的词源"spectaculum"，带有"表演、演出、戏剧"的含义。[6]《景观社会》提供了此后所有消费社会符号理论一个基本的方法论，即把一切都看作"景观"。"整个社会生活显示为一种巨大的景观的堆积。"这是"一个分离出来的虚假世界"，今天的生活成了由专业影像、全球卫星网络，以及高科技装备主导、联合而成的"自动化影像"。那些超现代资本主义的符码——如MTV 或 CNN，微软（Microsoft）或新闻国际，麦当劳的金色拱门或者耐克的闪电形标记等等——为生活覆上了一层令人昏昏欲睡的迷雾。因为景象生产使得城市公共空间被商品化和布景化，多元的生活事件和空间氛围的总体性被分离，情境主义者希望保卫城市的混杂性和被多面感受的可能，重申社会生活和城市文化中的勇气、想象力和游戏。[7]

德波热爱巴黎，这是他的地盘，他的实验室。巴黎教会他"如何靠这片土地——城市为生"。看着老巴黎一点点远去，德波批判奥斯曼男爵的巴黎"是个白痴所建的城市，满是喧哗与骚动，毫无意义"。[8]一切问题的核心在于"分隔"（separation），"完美的秩序意味着要以效益为名，将人及其行为分门别类地安置在不同区域。任何事物都各得其所，各尽其用：工作在一处，居住在另一处，而闲暇时间则在其他地方度过。空间被分割开来并加以简化，人们被转移开，其经验被抹平"[9]。分隔意味着"统一的情感和认知被隔断，人和空间、人在这一空间和那一空间，以及人和人之间被分离和区隔，使人们不能理解他们生活的全部含义，进而导致了思维中的断裂、异化感和虚假意识"[10]。

如何打破分隔，反抗景象化（spectacle）的巴黎？情境主义者的答案是"漂移"（Dérive/Drift）和"易轨（Détournement）"[11]，以漂移重新度量土地，以易轨重构空间和景象。

德波和伙伴开始一趟超现实主义的旅行，他们漫不经心地徒步穿越巴黎各式各样的巷子，始终步行，连着游荡几个小时，常常是在夜里，辨别着微妙的情绪以及社区之间的细微差别。他们描绘着这座城市的下部结构，与有时相隔数英里的同伴用简陋的步话机保持联系。通过这些真正的和想象的巡行，情境主义者成了当代的闲逛者、"游荡者"[12]，却并非毫无目的。"他们穿梭于各个公共空间，一心一意地大量积累定性材料，这是供给其'心理地理学'（Psychogeography）[13]磨坊的谷物。他们记载城市风光的色调和气味、无意为之的节奏和有意为之的旋律：荒凉衰败的建筑外观、深褐色的狭窄街道雾蒙蒙的远景、荨麻缠绕的铺路之石、凌晨三点钟空荡荡的小巷，威胁和破坏，分隔和连续"[14]。情境主义者敏锐地识别出城市中，像漩涡、激流一样，引导或阻碍人们进入、留驻或离开某些区域的环境，适应并克服这些"潮流"，选择自己的路径，并有意识地选择那些容易被遗忘和被围困的各个地方：充满神秘的街角、寂静的广场、拥挤的社区、充斥着散步者的街道，以及坐在公园长椅上戴着贝雷帽的老人等等。[15] 这是情境主义者们反抗景象社会实践的经典一幕。

1956 年，德波绘制了一幅属于巴黎心理地理学地图——《讲述爱的激情》[16]，他将巴黎鸟瞰图拆解为具有相同"氛围"的碎片单元，标示出城市的缝隙和漂移中感受到的吸引力或排斥力。此后德波又在其上拼贴了文字、邮票和手绘的士兵形象，将历史、社会、地理意味游戏地表达出来。各单元仿佛一组浮在海面上互不相同的孤岛；甚至这些"城市孤岛"之间的距离也并不符合巴黎的真实地理。一言以蔽之，这是一张对于导航而言完全无用的地图，也与我们熟悉的地图大相径庭。一般的地图呈现的是静态的地理空间，不包含绘制者自身行动的迹象。但在"心理地理地图"中[17]，它简直像一幅把巴黎地图撕碎后制作的达达主义式的令人震撼的拼贴画，它将全部力量赋予主观，表现出反抗与偶然性，而非确定性。"很少有艺术作品能和巴黎地铁线路图的美相抗衡，尤其是对于步行者而言。"

列斐伏尔（Henri Lefebvre）指出漂移就是在记叙城市景观（cityscape）变化过程的个案。[18] 情境主义者在漂移过程中拍摄照片、勾画草图、笔记或录制影音片段等行为，在漂移的当下帮助人们感知、理解和重构所接触的环境及其逻辑。当这些记录被用于心理地理地图的制作时，被忽略空间的丰富叙事和想象开始浮现，对主体性、具体瞬间的强调也使得城市重新完成了一次情境主义的映射和表达。[19]

都市中人，生命在各自既定的管道中奔涌，朝着单一方向。我们"在城市空间中的运动，被简化为从一点到另一点的路程，从娱乐的场所，到工作的场所，再到住宿的场所，这些就是空间里抽象的点，而穿过这些点的路程也就成了直线。最后，在城市空间中的移动就变成了服从于资本主义体系的同一理性——工具理性"。而"漂移其实是一种生活方式，一种诗意的生活形式，其根本特征是直接地、高密度地生活在情境里，而情境正是再现了诗意或是艺术"[20]。

德波在他1959年《关于在短时间内的某几个人的经过》的电影中，纪录了整个白天巴黎雷阿勒区古老的市集广场都淹没在人流和推手推车的小贩中，但一到夜晚和黎明，就奇异地变得忧郁起来，此刻电影的画外音是"一切事物都有关联"。对于德波而言，雷阿勒在夜晚又回到了他熟悉的那个"沉沦之地……一个枝蔓、混乱、平凡的世界，一处有热烈活力、淫荡而美丽的城市天堂"。[21]这显然并非因为夜色深沉产生了什么奇异幻象，而是因为"我们的生活是一次旅行——在冬天和夜晚里——我们寻觅着道路……这个巨大的迷宫像是务必解开的谜团，我们在其中忍受着疲倦和清晨的寒冷。这是幻象构成的现实，通过它我们势必会发觉现实可能达到的丰富。"[22,23]情境注定是迅速流逝的种种事件，不断变动的种种表现，是"可能性的集合"。情境可能成为"某些人穿越瞬间的通道"，情境主义者"借由它从某处通往即将来临却没有未来的现在"。1961年，德波在另一部电影《分隔批判》(Critique of Separation)中进一步写道："要给每个人赖以生活的基本社会空间……也许我们改变不了世界，但可能改变的是我们的小世界（微观情境/微氛围 une micro-ambiance transitoire）"。

更深地理解"游荡者"或"情境主义者"，我们需要回到巴黎——这座孕育它的母体中去。

巴黎心理地理地图"life continues to be free and easy"，1959[24]

列斐伏尔曾经描述过他所看到的情境主义国际艺术家们的漂移活动。漂移的行进目标是非功利性，从体验内容来看，它既可以是历史性的异质性，也可以是对抽象日常生活的中断性体验：对于前者，列菲伏尔曾经这样描述过。情境主义国际在巴黎漂移的起点是巴士底广场，巴士底广场是古老巴黎的尽头——其后就是在 19 世纪的首次工业化中成长起来的巴黎。孚日山广场依然是 17 世纪贵族的巴黎——当你走到巴士底，又是另一个巴黎，是 19 世纪的巴黎，不过是中产阶级、商业和工业扩张的巴黎，而且从事商业和工业的中产阶级占领了巴黎的中心玛莱区——然后扩张到了巴士底、侯葛特路、圣安托万市郊路等。[25]

巴黎寓言

　　巴黎，19 世纪的首都。[26] 彼得·霍尔（Peter Hall）在

《文明中的城市》写道："城市的黄金时代并不常有，就如窗口划过的短暂亮光，在瞬间映亮了内外世界之后，又急速地消逝于黑暗之中。其伟大案例有公元前 5 世纪的雅典，14 世纪的佛罗伦萨，16 世纪的伦敦，19 世纪末的巴黎。

19 世纪末，经过一番"创造性破坏"，旧巴黎消逝了，新的巴黎崛起在废墟之上。在法国第二帝国时期（1852—1870），发生了欧洲近代城市史上现代性登场的典型一幕——奥斯曼的巴黎改造。奥斯曼男爵拆除了大量中世纪和文艺复兴时期的建筑，将巴黎，及其生活、文化和经济，从狭窄、肮脏的古代束缚中解放出来，开辟市中心林荫大道（Grands Boulevards），建立纵横交错的给排水系统，修建广场、商场、公园、医院、火车站、图书馆、学校、纪念物等等。巴黎出现了惊人的改变，在景观与功能上都成为一座旷世新城。然而在这华美的装扮之下，现代性图景却一片晦暗。

人群中的人/游荡者

不是所有的人都觉得大城市街道上的人群景象是令人陶醉的。在波德莱尔（1821—1867）写出散文诗《人群》之前，恩格斯早就着手描写伦敦街道上熙熙攘攘的景象：

"像伦敦这样的城市，就是逛上几个钟头也看不到它的尽头，而且也遇不到表明接近开阔田野的些许征象——这样的城市是一个非常特别的东西，250 万人口这样聚集在一个地方，使这 250 万人的力量增加了 100 倍……但是，为这一切付出了多大的代价，这只有在以后才看得清楚。只有在大街上挤上几天……才开始察觉到，伦敦人为了创造充满他们城市的一切文明奇迹，不得不牺牲他们的人类本性的优良……

这种街道的拥挤中已经包含着某种丑恶的，违反人性的东西……他们彼此从身旁匆匆走过，好像他们之间没有任何共同的地方。好像他们彼此毫不相干，只在一点上建立了默契，就是行人必须在人行道上靠右边走，以免阻碍迎面走来的人；谁对谁看一眼也没想到，所有这些人越是聚集在一个小小的空间，每个人在追逐私人利益时的这种可怕的冷漠，这种不近人情的孤僻就愈使人难堪、愈是可怕"。

而在"巴黎的湍流"[27]中情况似乎更糟糕，事件与人群在杂乱地跌成一团，甚至连穿越马路都令人感到威胁。这种压缩了时间和空间的狂热步调，有部分缘于巴黎已经成为"用来制造享乐之事的巨大首都作坊……一个缺乏道德、原则以及真实感受的城市"。

人群，是现代大都市最奇观的景象。而人群中的人，既有芸芸看客，也有孤独而沉思的"游荡者"，比如狄更斯、波德莱尔以及他笔下的现代生活画家居伊：

"当他（狄更斯）做完苦工，他没有别的地方可去，只有流浪。他走过了大半个伦敦。他是个沉湎于幻想的孩子，总想着自己那沉闷的前程。……他在黑夜里从霍尔登的街灯下走过，在十字路口被钉上了十字架……他去那不是要去'观察'什么——一种自命不凡的习惯；他并没有注视着十字路口以完善自己的心灵或利用霍尔登的街灯来练习算术……狄更斯没有把这些地方印在他的心里，然而他把心印在了这些地方"。

街头游荡总会面临生存状态的脆弱，"享受人群是一种艺术"，"我（波德莱尔）已经在很大程度上习惯了物质生活的困苦。我非常善于用两件衬衫来对付破裤子和漏风的夹克，我也能老练地用草甚至纸来堵鞋子的破洞。精神痛苦几乎是我唯一感觉受到的苦难"。[28] 文人的流浪为波德莱尔提供了工作和休息，更重要的是，为他提供了自我意识，这成为他生命的最高意义。[29]

"他（居伊）就这样走啊，跑啊，寻找啊。他在寻找什么？肯定，如我所描写的这个人……穿越巨大的人性沙漠的孤独者有一个比纯粹的漫游者的目的更高些的目的，有一个与一时的短暂的愉快不同的更普遍的目的。他寻找我们可以称为现代性的那种东西……对他来说，问题在于从流行的东西中提取它可能包含着的在历史中富有诗意的东西，从过渡中抽出永恒。"

这些游荡者在拥挤不堪的人流中漫步，"张望"决定了他们的整个思维方式和意识形态，他们正是在这种漫步中"展开了他同城市和他人的全部的关系"。"大都市并不在那些由它造就的人群中的人身上得到表现，相反，却是在那些穿过城市，迷失在自己的思绪中的人那里被揭示出来。"[30]

而芸芸看客只是人群中看热闹的人，"看热闹的人身上没有个性。他的个性被外部世界吸收掉了……外部世界令他如痴如醉，以至于他忘却了自己。看热闹的人被呈现在他面前的景观所左右，变成了无个性的生物；他不再是一个个别人，而是组成了公众，组成了人群"[31]。20 世纪二三十年代，中国新感觉主义先驱者刘呐鸥[32] 曾塑造一系列"上海近代都会所产"的摩登女性（creature），她们有着外貌上共同的特征，却又面貌模糊。彼时的上海，财富的积累与物质的极度膨胀标志着现代消费观的真正形成，面目模糊的都市女性与大都市的"无灵"恰恰是一组隐喻。[33] 这些多半没有名字的"她"只有统一的产品标签，对应着如同方程式一样的抽象代码，如密斯 W、密斯 A。这很像阿甘本（Giorgio Agamben）所说的"赤裸生命"（bare life）——即剥去了意义的身体，身体被剥去了生命形式和价值，只剩外在的形貌、服饰，没有内在的心灵、情感。"一个人若要具有地道的现代风韵，就应当没有灵魂"，这是王尔德的观点，而在齐美尔《大都市的精神生活》中，这是一种现代性都市中所特有的"麻木"——"现代生活最深层的问题，来源于个人试图面对社会强势力量，面对历史传统的重负、生活中的物质文化和技术，保持独立和个性……准时、算计、精确，这些都是都市生活的复杂性和广泛性所要求的[34]……或许没有一种心理现象能像厌倦/麻木（blasé）态度那样无条件地专属于城市。"

　　游荡者在都市中四处游走、观察、体验，他们对都市文明的丰裕繁华既拥抱又怀疑，他们既身陷复杂的都市文化的现代性图像，又始终保持一种紧张与抗拒。在游荡中他们瞥见了现代大都会生活的短暂、过渡与偶然。[35]

短暂、过渡与偶然/最后一瞥之恋

　　　喧闹的街巷在我周围叫喊。

　　　颀长苗条，一身哀愁，庄重苦楚，

　　　一个女人走过，她那灵动的手

　　　提起又摆动衣衫的彩色花边。

　　　轻盈而高贵，一双腿宛若雕塑。

　　　我紧张如迷途的人，在她眼中，

　　　那暗淡的、孕育着风暴的天空

　　　啜饮迷人的温情，销魂的快乐。

电光一闪……复归黑暗！

——美人已去，

你的目光一瞥突然使我复活，

难道我从此只能会你于来世？

远远地走了！晚了！也许是永诀！

我不知你何往，你不知我何去，

啊我可能爱上你，啊你该知悉！

——波德莱尔，《致一位过路的女子》（1860）

郭宏安 译

用本雅明的说法，现代人的欢乐与其说在于"一见钟情"
（love at first sight），不如说在于"最后一瞥之恋"（love at
last sight）。他的"巴黎拱廊街研究计划"无疑也是在"拱廊
街"历经了短暂辉煌命运被休止后的"最后一瞥"。巴黎拱廊
街的建造主要集中于 1822—1837 年，作为覆盖了玻璃顶棚的
商业步行街，它是现代大型购物中心的前身。这一 19 世纪到
20 世纪前期巴黎最重要的景观/"最重要的建筑"曾被视为
巴黎现代性的成就和象征，但随着 1925 年著名的歌剧院拱廊
街被拆毁，变作历史的风化土砾，拱廊很快成为让人凭吊的
"古代性"废墟。在它身上，"现代性的非永恒特征、变动不
居性"昭然若揭。

旧巴黎已不复存在（城市的样子唉/比人心变得更快！）

我只有在脑海里才能看见那个木棚区，

那些粗制的柱头和那些柱子，

那些草地，那些在水坑里染绿的大石头，

以及方砖地上闪闪光光的杂乱旧货。

……

巴黎变了! 但是我的忧郁却丝毫未改!

新宫殿、脚手架、大石块、旧城郊, 对于我, 一切都变成了寓言, 而我珍贵的记忆比石头还重。[36]

———波德莱尔, 《天鹅》(1859)

徐芜城　译

　　这首题献给流亡中的雨果(1821—1867)的诗歌(《恶之花》[37]第89首《天鹅》), 像是一则献给巴黎———一座衰败之城的寓言。[38]巴黎先是历经第二帝国时期奥斯曼大改造, 后是近半个世纪的战火纷飞, 再是法国经济快速成长的黄金三十年(1945—1975)。[39]旧巴黎作为一种短时间内在物质形态上消失的传统不断地唤起巴黎人的"乡愁": 一种地方之爱(topophilia)。

　　20世纪50年代, "整个巴黎是一座不夜城, 任由人们堕落或四处游荡。而其居民当时也还未被驱散……在巴黎, 人们还没有迷恋影像……市中心的房屋也没有被遗弃或者转卖给观光客……现代商品也还没有向我们展示它们对街区的影响。没有人在城市规划者的威胁下被迫住在远离市区的地方"。巴黎的灵魂之所老雷阿勒区还在, 当波德莱尔在《旅行》(Le Voyage)中写出"跳进深渊的深处……跳进未知之国的深部去猎获新奇"[40]时, 他所描绘的大概就是这里。在《直到世界尽头》(To the End of the World, 1956)中, 布莱斯·桑德拉尔———一位四处旅行的作家———将我们急速带回了那个老旧肮脏的社区: 从雷阿勒中, 散发出一种腐烂香蕉与颓败花朵的气息，一种侵入房屋的下水沟气味，混杂着马达发动的嗒嗒声、震动房基的重型卡车的噪音、在摩天大楼顶上发出的汽笛声、震颤的雷声、工人卸货的吼声及他们推手推车时的闲谈声，它也混杂着天花板上移动的光与影。栖居于其间的是彬彬有礼的百姓，他们稀奇古怪、乐于享受、不拘小节、耽于美食、一无所求，虽然穿得并不奢华，但却精心装扮自己。他们表现得好像每一天都在过节，并将失业视作恩赐。[41]

　　进入 20 世纪 60 年代，大规模的城市化运动发生了。法国社会结构发生了重大变化，由于许多农业地区明显衰退，农业人口锐减，大量人口涌入巴黎。[42]1971 年，出售蔬果的雷阿勒市场为了给轻轨让路，不得不被拆毁。到了 70 年代中期，以经济发展和堂而皇之的规划为名，雷阿勒这个阴暗的、仿若奇境探险的底层社会几乎被破坏殆尽了。巴黎一度代表着"所有阶层、所有类型的人们，不管他们来自上层、中层社会还是毫无社会地位"[43]。但现在这个消费主义的新巴黎，这个作为景观的巴黎，"是一个封闭的世界，一个被消毒、除臭，没有意外，没有惊喜，没有任何令人震撼的事，被保护得很好的世界"[44]。巴黎的中心被富人占据了，而穷人被赶到了数里之外的郊区。观光咖啡馆、酒吧、饭店、古董店和时髦用品小商店甚至占领了拉丁区。

　　在历史学家舍瓦利耶的《巴黎之谋杀》中，"让它的眼睛眯起来的古老微笑"一去不返了，巴黎的谋杀者，正如杀害儿童与老人的凶手，应该受到惩罚。[45] 在波德莱尔的《恶之花》中凡是出现巴黎的地方，它都带有一种惨淡的印记，一种"为过去悲伤，对未来绝望的惨淡"，这种惨淡"构成了现代性与古代性之间最紧密的联系"[46]。

古代性、现代性/废墟、荒原

收藏于珍奇屋[47]是一种现代人通往"古代"的路径。在与波德莱尔同时代的画家梅里翁的作品中可以看到巴黎的古代与现代如何"纠缠"的画面。画面的独特之处在于"我们几乎没有见过如此富有诗意地刻画一座伟大城市的天然庄严：雄伟的石头建筑、高耸入云的尖塔、向天空喷吐烟雾的工业方尖碑；修缮纪念碑的巨大脚手架在纪念碑的坚实身躯上展现出蜘蛛网般的怪诞之美；烟雾遮蔽的天空孕育着愤怒，饱含敌意；狭长的景色被人们凭借自己的想象而赋予了存在于戏剧之中的诗情——这些复杂因素构成了文明的艰辛而光荣的外观，而它们无一被遗漏"[48]。"尽管它们直接取材于生活，但是它们表现的是一种逝去的生活，某种已经死亡或将要死亡的生活……一座不久将到处瓦砾堆积的巴黎城"。尽管"巴黎依然屹立于世，社会发展的大趋势也一如既往。但是这些趋势越是恒定不变，凡是曾经被冠以'全新'标签的事物越容易变得陈旧而被废弃。现代性几乎没有什么方面保持不变，而古代性——曾经被人们认为包含在现代性里——真正呈现了废墟的画面"。

这与"废墟"之城——罗马截然不同，在铜版画家皮拉内西（Giovanni Battista Piranesi）的绘画中，罗马不可修复的废墟与新城市依然宛如一个整体。一片荒芜废墟的景象，到处都残留着古罗马建筑的遗迹，但罗马居民似乎完全不在意这些废墟的存在，既不重建也不摧毁，任其染上岁月的痕迹并且与其共生共处，仿佛这些遗迹已然成为了他们生活中

夏尔·梅里翁（Charles Meryon）的绘画《桥》，1854

皮拉内西（Giovanni Battista Piranesi）的绘画《梵西诺广场的景色》，1775

的一部分，残破的遗迹与鲜活的生命共存。在皮拉内西绘制
的另一幅《古今罗马与战神广场平面图》中，也清晰地呈现

出历史与当下的联结。

　　皮拉内西地图与著名的诺利地图在采用的技术、数据基础方面相差无几，但二者的逻辑完全不同。在 1748 年诺利 (Giovanni Battista Nolli) 绘制的《罗马大地图》 (La Pianta Grande di Roma) 中，古罗马、中世纪、文艺复兴、巴洛克等不同时代的建筑的内部空间，在地图上是均等的白色区域，它们溶解开来，连成一体。历史不再是时间阶梯型的意义综合体，它是日常"捷径"的一部分，是转角可遇的惊喜。诺利将历史与现实的关系简化为"历史即现实"[49]。

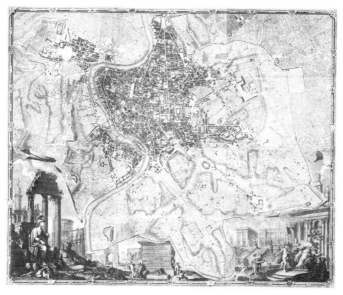

1748 年诺利 (Nolli) 绘制的《罗马大地图》

　　在 1770 年皮拉内西绘制的《古今罗马与战神广场平面图》(Plan of Ancient and Modern Rome and the Campo Marzio) 中：

现实世界被分为四层——半自然区域、街区、街道、古迹遗址（历史）的垂直叠合。

　　黑色是古迹遗址的部分，皮拉内西对所有的古迹遗址都施以极重的粗黑线。除了万神庙等独立古迹，残垣断壁、凯旋门、输水道、水渠等也被一一加粗，另外，皮拉内西还尽力将所有建筑中的古代部分也做了黑线加粗处理。这或许是罗马特有的情况：中世纪、文艺复兴甚至到18世纪的建筑，一直都有将残存古迹的墙或柱子（古代建筑的质量很好）利用进来的习惯。比如，在灰色的街区层，原本是古罗马的战神广场区域，它是古罗马城最繁盛的区域，充满了各种辉煌的建筑。到了18世纪，古迹消失殆尽。稍微完整的建筑只剩万神庙、两个陵墓，以及庇护神庙与马塞勒剧场的两面柱廊外墙。除此，皮拉内西还挖掘考证出数十处被现实"消化"掉的历史残片。那些短墙、柱子并不像罗马广场群那样呈独立的古迹状，它们就在原地，悄无声息地融入"新"的建筑。比如马塞勒剧场南边的两排柱廊，在古代它是某个小神庙的外廊，现在则是一个府邸建筑的内廊。庞培剧场遗址南侧的菲利普门已基本不存在，但遗留下的四根外柱现在成了圣克罗小礼拜堂（St. Carlo）入口大厅里的支撑柱。还有密涅瓦教堂、阿圭洛圣母教堂，都有片段的墙或柱子被"标记"出来。在浅灰色的半自然区域层，尤其是波波洛门北面的那块无人区，它在古代本是战神广场的一部分。米尔文桥也不止是台伯河的一个地标、罗马最早的主干道弗拉米尼亚大道（Via Flaminia）的入口，它还隐喻了一个传说：当年恺撒大帝准备从这里开始更改河道，扩大战神广场东部的区域。皮拉内西以之重塑当下罗马的边界，暗示着任何时代的罗马地图都应该从这座古桥开始（即从恺撒开始）。北边伸出的旧战神广场区域的山形、河流、河谷的组合，更使其隐隐有了一种亘古之意。在《古今地图》里，所有的元素都是 1770 年的现实之物。但是，它们也都传承自古罗马。这就是皮拉内西建构的逻辑——"现实即历史"。皮拉内西将地图画成一块巨大的石头，这颇含深意。四个图层就像是用凿子在石头表面刻出四种不同深度的印迹。历史层刻得最深，它的黑色就像是千百年沉积下的灰尘的颜色，充满时间感。

废墟之于罗马，是悠长历史的荣耀，是时间层积的明证。在充满旷古气息的废墟旁，时间变得永恒，每一个人与祖先的精神同在，如果愿意，可以随时踏上找寻通往古代性的入口。废墟之于巴黎，却让我们看见"为了抓住现在并创造将来，传统必须被推翻，如果有必要，运用暴力也在所不惜。但传统的丧失又会破坏我们理解的基础，并且使我们茫然无力"[50]。巴黎城的废墟隐喻着精神的废墟，犹如艾略特的荒原[51]。

"寓言在思想之中一如废墟在物体之中。"[52]

"当你阅读奥斯曼的、巴尔扎克的，以及哈维的巴黎的时候，你可能会忽然意识到自己身边发生的类似情景。或许，你自己的城市，也曾经有过，或正在经受着痛苦的'创造性破坏'的过程。"[53]巴黎现代性嬗变所经历的阵痛，对于中国而言迟滞了整整一个世纪。今天我们身处的城市或街道就像一个盛装的戏剧舞台，无数个不停被制造出来的主题场景，空间是最显赫的被售卖、被消费的商品，空间是一切欲望的起点，景观的布展无处不在，将我们牢牢的绑缚，思辨，自省需要穿越层层迷雾。

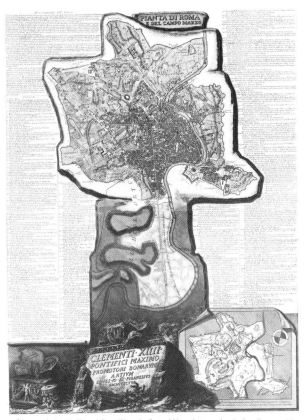

1770 年皮拉内西（Giovanni Battista Piranesi）绘制的
《古今罗马与战神广场平面图》

(Plan of Ancient and Modern Rome and the Campo Marzio)

步行主义实践与路上观察者

漂移是情境主义不易捉摸却十分有趣的发明创造。[54] 情境主义者并没有统一的宣言，他们的共同点在于"建构情境"的日常生活实践以及对于"游戏社会"的愿景，而建构情境和游戏社会本身是模糊和开放的。

曾经，情境主义国际针对景观社会提出了一个名为"漂移城"（Dériville）/新巴比伦（New Babylon）[55]（Nieuwenhuis, 1972）的乌托邦规划构想。为了反对功能主义城市和景象社会所造成的分隔和固化，漂移城被设想为鼓励游戏和创造性的可自由移动、生长并自主调节氛围的巨构城市[56]，由于它的使用者被设定为"游戏的人"[57]，漂移城中创造了很多游戏氛围组块，构成了连绵的、可快速漂移穿越的网络迷宫状城市，因而它创造出一种自由漂移的游牧生活。漂移城将"建构情境"的目标转译为重新在"成人世界中实现童年"（La réalisation de l'enfance dans le monde adulte），或者也可称之为"我们重新发现的童年欲望（désirs d'enfance）"。[58] 还记得我们是从什么时候不再拥有童年吗？这是每个成人都不愿意面对的悲伤话题，"儿童感觉大人像外族入侵般将他们的时间强加于儿童；接着儿童终于屈服，同意衰老（vieillir）。儿童对条件制约的方法一无所知，任凭自己如幼小的动物那样坠入陷阱。当他成为批判武器的持有者，想要瞄准时间时，岁月早已带着他远离了靶子。他会将童年放在心中，仿佛一个开着口的伤疤"。[59]

单向街中一直讨论着"天真又老练"的话题，也许漂移城正提供了这样一个可能承载本真性儿童时间的生活容器，它"使人们积累并动用最丰富的经验，进行相互交流、游戏和空间干预"，让每个人都拥有"被主观性、激情和包含事实的梦想膨胀了的时间"，在这种没有被异化的时间里，人们也回到了他们在长大之前自然生成的"本我"。虽然是近于乌托邦的设想，漂移城所体现的整体流动性和局部可塑性，恰恰是今天的城市规划最应该求索的价值核心，规划是提供更多的参与可能性和激发人们日常生活的想象力，而非任何虚假的给予。

　　事实上，从 20 世纪 50 年代末开始，在世界上的许多地方艺术、建筑和城市研究领域里的先锋运动都试图在消费社会之外寻求批判的立场。众多的城市探索者/团体（如 Infiltration, Jinx Project），以及前卫艺术家（如 Beauvais Lyons）、后现代文学家（如 Iain Sinclair, Peter Ackroyd）等，他们都致力于基于漂移实践的参与性步行活动和创作。他们在日益秩序井然的城市里，尝试通过各种手段帮助人们脱离常规路线、开启漂移实践。除了德波时代曾有过的、用非常规的（如另一城市的）地图作导航外，还包括了用卡片、扑克牌、骰子甚至随机算法决定步伐所向，玩以人作为棋子的棋盘游戏，由视觉以外的感官选择路径等等。他们随性地在路途中举行音乐会、创作艺术和"扰乱"空间（如"逆向购物"——在商店货架上摆放物品）等，这些行为显然不以学术理论的发展为目的，而主要是去挑战那些决定城市空间秩序的资本（日常空间消费化）、权力（城市等级化）以及精英文化趣味（地区绅士化）。并在漂移和建构情境中，想象和帮助开辟城市空间其他的可能性——"如果这些空间不是以资本主义为基础，那么它会是什么样子?"。[60] 通过行动创造"新的情境氛围"，从而谋求"永久的改变"。[61]

在集体漂移时，人们进行自由而充分的交流，有研究背景的组织、参与者应避免使用学术语言。[62] 活动组织者或许会提出看似不相关的问题，如"什么气味让你想起家?""你上次哭的时候在哪里?"刺激漂移者的意识，以获取关于城市和一切的灵感。在这过程中，漂移者通常会用草图、照片、笔记记录对空间的想法和实际的干预创造、与他人的相遇等等，过后或许会对其中反映的心理地理现象进行更深入的讨论、总结和纪实。

情境主义者米歇尔·德·塞托（Michel de Certeau），是将都市漫步、步行主义带入城市研究的关键人物，其著作《日常生活实践》[63] 论述了行走是如何通过记忆和实践来放大某些城市景观，使它们比其地理位置、空间几何所暗示的更重要，强调从步行与个人生活的联系中获得的街道层面视角的重要性，使规划设计师反思俯瞰、远距离凝视下，总括性的、系统的城市经验对芜杂的、非线性生活的消隐。近年来，步行方法（walking methods）或陪同访问（accompanied visits/go-along methods）在城市景观感知（Landscape Perceptions）研究中被广泛地应用。通过多样的步行环境、线路、节奏，步行者的身份、状态，是否伴随研究者或有无影像、声音记录，有无绘图、笔记甚至故事、诗歌记录[64] 等等，披露隐蔽的空间、发现新的景观经验并探讨其对人的意义。并且，在步行过程中的自由交谈或半结构访谈，常常能揭示在静止的采访中无法发现的叙事。[65]

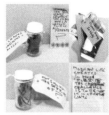

漂移中/后的行动

(左上地方笔记；中上途中创作；右上物品故事收集；下心理地理地图)[66]

德波认识到城市空间对人意识的作用在本质上的个人性，城市环境和人的情绪、感知间关系的客观对应机制或者量化监测方法，将不可避免地使个体的生活经验扁平化，而这种扁平化恰恰排除了漂移者对于城市被忽略地方的丰富叙事和想象，更有悖于情境主义、心理地理学对主体性、具体的瞬间的强调。

也许值得学习德波来做一个武康大楼的情境游戏？若是白天，去到那个喧嚣的街口，即使场域的整体氛围是如此强大的包绕裹挟，看不见的编码在"引导"着人群中每一个人的意念、行为，但试着有意识的劝阻自己吧，暂时做一个四下张望、心有旁骛的游荡者。比如穿越人群那巨大集束的视线，把目光投向更广大的视域——天空，树梢，露出泥土的梧桐树根，建筑外廊里匆匆忙忙行走的人，老麦咖啡馆里的上海老阿姨。最重要的像个业余侦探家一样仔细观察一切空间的历史的痕迹。若是夜晚，当人潮退去，街道寂静，你更会发现，2019，2021，其实一切并未改变，她依然还在。也许我们改变不了世界，但可能改变的是我们的小世界（微观情境/微氛围une micro-ambiance transitoire）。情境主义者们漂移的本质是对失去空间和地盘的重新征服。

在众多的步行主义实践中有一个值得关注的身影——东京的"路上观察者"。

20世纪70年代末，日本的经济发展进入了一个新的时期，它十分显著地改变了东京地区的都市景观。日本建筑公司的海外投资、制造业重心向微科技的偏移，越来越多的东京人穿着西装和制服通勤到市中心崭新且敞亮的办公区上班。各种以年轻人为主的时尚百货公司和精品店开始在东京涉谷及其他城西铁道枢纽站陆续开张。年轻人的消费改变了城市的面貌。[67] 他们喜欢逛街和观看人群，跟随玩乐指南 PLA 探索街道——特指以寻找娱乐资源、餐饮场所和值得买的物品为目的的散步。1983年，作为受资本操控的休闲娱乐的顶峰及全球标志的迪士尼乐园在东京郊区开张，吸引了众多游客。而西东京的商业设施也为顾客们提供了一个在许多方面能和迪士尼乐园相媲美的体验。然而在资本控制的消费场所发展壮大的同时，从中逃离的希望也在增多：在周末的涉谷和原宿，每个人都在相同的街上走动并在相同的商店消费，"高度发达的消费社会里的街道空间的庆典性"使城市变得有趣……但是如果仔细想一下的话，像东京这样一个资本、功能和信息如此集中的城市，不管怎么样都会是有趣的。"只是，接受这样的城市，并且认为它有趣本身却不是一件有意思的事情"。

1986年成立的路上观察学会的成员们拒绝建筑师和规划师们的理论路径，因为他们认为，这些人已经被一个不断操纵人们消费的社会所收买。建筑史学家藤森照信在《路上观察学入门》中指出："消费帝国"是他们的敌人，它"正策划着把整个城市商品化"，而城市理论本身则早已被它所消费。

因此，在他们看来任何能被解读为反消费主义、反理性或反规划的东西都可以成为越轨之物。他们拍摄、记录和分类在路上遇到的奇怪物件，"无用但被美好地保存着"的一切物件，包括窨井盖、消防栓、建筑装饰里的动物元素、没用的阶梯、路边的植物园（盆栽）、斑嘴鸭和所有对于城市的无意识表达；也包括城市中被遗忘的历史雕像、废弃的地铁站以及看上去根本没有在营业的"化石商店"或"悲伤商店"的地方。因为这些场所"向路人抛出了'什么是商业'这一存在主义式的问题"，它同时还曝光了"商品的本质"。[68]

路上观察学会在涩谷地区发现的物件示意图[69]

路上观察者制作的地图提供了一个未被标记的受忽略之物所组成的图像集。这些边缘性的物件，都是从历史中积累起来的物质遗迹——尤其是那些和当代都市规划与机能不相符合的碎片，他们虽然"被用旧、被遗弃"，但仍然存在于城市的各处。观察者们还严格遵守一种"道德准则"，他们并不触碰物件，始终坚持自己作为过路人的角色。他们就像考古学家一样，通过挖掘到的碎片来理解它们所从属的整体，而不仅仅把兴趣停留在碎片本身具有的美丽之上。这些越轨的物件重新确证了是"市民个体塑造了他们的环境"，这是属于他们自我的与城市的链接，是个体在微观层面对城市景观经验主义式的探究。路上观察者们新的散步与记录城市的方法挑战了官僚理性主义对"日常生活的殖民"，他们所搜集的碎片代表了一个正在消失的过去。这一点与情境主义者很类似。二者唯一的不同在于，情境主义者所强调的"漂移"，是步行的人在越轨，路上观察者却认为越轨的是物件本身，他们只承担发现者的角色。高速城市化进程与时空压缩中景象社会、消费文化是必然，而逃离或越轨是另一种必然。

19世纪末巴黎的游荡者、1960年代的情境主义者和1980年代东京的路上观察者，以及今天佛跳墙豆瓣社群的小组成员，每个世代，总有这样一群人，他们踟蹰流连于都市，找寻着"别样的大陆"[70]。帕慕克在《伊斯坦布尔——一座城市的记忆》中写道："原来，我行走在这些街巷，为的是找到我在灵魂深处感知的东西，就像去触摸它、去感受它的物性一样……我行走在这些街道上，是为了属于那里，而不是为了拍着照片远离那里。"[71]

第四章　上海漂移纪实

卡夫卡曾在日记中（1909——1912）写到，无论什么人，只要你在活着的时候应付不了生活，就应该用一只手挡开点笼罩着你的命运的绝望……但同时，你可以用另一只手草草记下你在废墟中看到的一切，因为你和别人看到的不同，而且更多；总之，你在自己的有生之年就已经死了，但你却是真正的获救者。

向后工业化转型中的上海，存量空间不仅仅是空间生产逻辑下待价而沽的土地资本，也包含具有内生意味的废墟空间。废墟作为一种重要的后工业都市景观，城市探险者、周边居民、艺术工作群体等在其中的活动和创造性使用，呈现出对城市的别样叙述，凸显了一种相异于景象生产的情境主义实践。知悉并"深描"城市探索者在都市废墟中的漂移是更深理解他们的基础。在废弃景观中的探索，他们，以及他们的活动对于这些空间而言意味着什么？人们亲身进入废弃景观所带来的身体和意识上相互关联的感触——"空间对人的具身意义"是什么？以及人们在废弃景观之中或因为废弃景观而建立起的联系——"空间所承载的社会关系"又是什么？

漂移素材采集

国内的城市探索者群体以豆瓣"佛跳墙废墟探索"小组为重要交流平台，从平台记录的丰富程度、社群关系的网络复杂程度，及其所践行的意涵和情境主义实践契合程度来看，均为漂移的在地化研究提供了相当充裕的研究样本。我们采集了整个上海地区除去仅有摄影作品的探索记录之外的 232 篇废弃景观探索记录，并对其中曾仔细记录过废弃景观探索的 40 位探索者进行访谈[1]，以此作为漂移纪实主要的分析材料。

访谈所要追寻的问题对应到我们渴望展开讨论的废弃景观的"空间"和"社会"意义两部分，半结构访谈所需要的"访谈指引"或"提问框架"也据此来设置。

指向空间意义

首先，受访者探索的起源、动机，对废弃景观以及探索废弃景观过程的认知、态度，能相对明确地反映出在受访者自我认知中，废弃景观对其的空间意义。具体可展开的问题比如"最初通过什么契机意识到城市探索、废墟探索？"[2]"你会关心废墟的过去或未来吗？""你觉得你所热衷探索的是什么？"等。

在探索过程中的活动、活动动机，人的状态、情绪和感受，能间接地反映出在受访者潜意识中，废弃景观对其的空间意义。具体如"你会记录哪些东西？""如果你刚巧路过某处废墟却没有带相机的话，你会进入探索吗？""探索中的你和平时工作生活中的你有什么不同？""'禁忌感'在你的探索体验中重要吗？"等问题，其中像"禁忌感"可用翻墙、躲避监控等更为具象的话题和受访者交流。

在请受访者讲述具体的探索经历时，这种潜意识会更加隐蔽但也更加真实地显露出来，此时应适当地提示他/她谈论在探索过程中"被什么事物吸引了"，以及详细地讲述"因事物引起的情绪、想象、思考或回忆等等"。当前一个问题过于宽泛而不足够刺激表达时，可提出让受访者"讲讲当时的建筑空间"，了解"建筑空间"是否在他/她心中留下印象，可替换成空间光影、植被、气味等等。在受访者提供探索时的照片、笔记后，可围绕这些材料所显示的受访者关注点开展交流。

指向社会意义

废弃景观所承载的最明显易读的人际关联，就是受访者在探索时相伴的或相遇的人群，具体开展话题的问题如"你会和谁一起去吗？""你在探索过程中遇见过什么人吗？"，借此也发现废弃景观中存在的活动及活动人群。通过进一步询问如"你有和他们交谈吗？""对他们有什么看法？"，以便探求探索本身是否促进结成了某些社会关系。

在公开平台上发布探索经历，除为了作为记录外，还有交流分享的功能，询问分享的内容、形式和动机，或者对他人的分享的看法，可了解废弃景观作为话题、中介，对探索者社交的影响。具体问题如"你自己分享探索记录的出发点是什么？""你对别人分享的记录感兴趣吗？"。另外，可能存在有线下的、日常的场合中对这一话题的交流，也可加以询问。

此外，可以通过询问受访者和小组、探索伙伴、团体间的关系，知悉探索群体的文化认同，以及内部形成的组织和交往方式。具体问题如"你关心整个探索群体吗？""你对小组'约定俗成'的规则持什么态度？"等等。

其他要点

在访谈前，除了阐明研究人的基本信息和目的之外，向受访者解释，"一些略显抽象的问题并不需要直接的、明确的回答，只需讲述听到这一问题的想法；如果在回答问题时，不同时期会有不同答案，希望能提到这种转变"。

由于漂移对个人性的强调，以及步行方法的研究中所指出的步行者身份背景对空间经验的影响，访谈最后设置关于受访对象身份、状态的问题。其中有关"生活观念和经验"的问题，结合受访对象了解到城市探索、进行情境实践至今的时间和在态度、行动、思考上可能有的转变，分析相互间的影响。问题具体如"你认为好的生活品质是什么？""你了解城市的其他方式有？"

此外，访谈过程中不严格控制话题，让受访者尽可能地多谈论他们想谈的方面，并及时地梳理这些不在问题要求内所获得的"自由信息"，访谈也因此在后续的问答中，在空间经验方面补充了与"寻觅""迷失"相关的新的问题。具体如"你都是怎么获取、找到这些地点？""怎么看待这个过程？"和"你觉得探索的过程像是迷失的过程、还是掌握？展开谈谈"。

指向空间意义：在废弃景观中度量空间

废弃景观在空间生产中不断产生与消亡的性质，和西方前现代遗留下的神殿等废墟的永恒、壮美以及带有悲剧意味的"崇高"之美存在矛盾；又有别于《废墟的故事》[3]中所指出的东方木构传统下建筑废墟的风化、归于尘土而引起的"伤逝"审美。那么废弃景观以什么引人前往？它，或者探索它的行为究竟能使人获取怎样的空间意义？

"德波认为这个世界已经被资本给景观（象）化，充斥着图像影像奇观，用背后的符号和象征让我们不由自主地消费与奔波。但是力图体验废墟的人，不是循着路边橱窗伸出的诱人影像，而是主动用身体重新探寻，将无字空间的沉默不语，用自己的每一种感受让空间再次讲述一些故事。"[4]

平台记录、访谈回答所涉及的情绪、想象、思考远比从审美出发的解释更丰富。的确，多数探索者最初是为浪漫主义或是猎奇的视觉感受、单纯的摄影爱好所吸引，但随着探索次数、时间的增长，他们不得不亲力找寻废弃景观地点等信息，躲避监控。探索者会愈发关心废弃景观的历史，看重空间中透露的"人的故事"，对自身的洞察力有所要求并关注到细腻的具身感知，注意废弃景观周边的城市环境、社区人群，乃至意识到景象支配的平庸化的日常等等——拓展着城市探索的边界，凭着个体的判断力，想象力，知觉及情感，不断地与废弃景观相互试探、度量。

基于遗留物的个体情境构建

从共性上，探索者普遍关注废弃景观中的遗留物件，并由之生发出一种主观的"历史"想象。相对于富有冲击力的、巨型建筑结构裸露等场景，拍摄这类物件的照片往往并不具备审美意义，相关叙述中也比较少涉及"震撼""惊奇"等情绪的描述或"富有诗意""疗愈"等超越性的语汇，图像和文字倾向于平直地记录当下的物件本身及其历史。

"人不能带走很多东西，于是那些情感被隐晦地保存下来"，"等到再被发现的时候，它的解读是多义的"。

在这里，引人注意和印象深刻的是由物件勾起的经验、记忆所构建的"历史"，而不是独立于人的客观事实。一方面，这体现在大部分探索者不关心废弃景观的保护（指维持或修复废弃前历史上的物质形态，但也并非豆瓣社群小组共识意义上"不带走、不留下"的由"任其破败"出发的保护），也不太常有对未来废弃景观物质空间是否被拆除、修复或改建的疑虑，较多是对一段时空消失的遗憾。另一方面，虽然绝大多数探索者排斥"无历史"的烂尾楼、空城、鬼城，但他们所感兴趣的历史，又区别于遗产领域"解释性"的历史：

"不太喜欢烂尾楼。我觉得烂尾楼不是一个事物结束后在时间里人为放置的后遗，是还没开始。我更喜欢一个'完成品'被遗弃后经过数年大自然侵蚀剩下的东西……另外这个建筑或者事物最好在'生前'有更多的人味，比如曾经给很多人带过欢乐，或者出现在很多人回忆里"。

也就是说，一座充满无"历史价值"的破烂衣物、家具摆设、报纸书信、软盘等物件的普通民宅或民建，和年代久远历经沧桑，却因物件捡拾待尽而空空荡荡的历史遗产堡垒相比，前者的吸引力远大于后者——废弃景观是否具备可能转化为经济、文化价值的潜质，或戏剧性再创作的"悲剧"意义，以及崩坏发生前的辉煌历史并不重要。

固然，经查询所了解到的废弃景观历史资讯会作为个体主观想象"历史"的基础，但这一切都只有在在场的探索过程中才会变得非常具体。比如物件被使用时的情境，以及随着人的离去、物件被抛弃时的情境……这个具体化的过程，一方面离不开个人的经验唤醒和记忆投射：自己是如何使用的、原主人可能的形象等等——"（废弃婚庆公司）一对夫妻来到这里完成他们人生中较为重要的一件事，商讨婚礼的细节啦、回去后吃什么啦、来的时候家里窗子有没关啦等等，这个地方或者这种地方'人味'更浓"。另一方面，依托于身体感官对整体环境的捕捉：视觉、听觉、嗅觉、触觉的全方位调动——"指间触及到灰尘、脚下枯枝杂物的声响、闻到老化材质混合的气味……""紧张地一直在分泌唾液"，即便和往昔情境差异巨大，但某种隐秘的场域氛围依然能将此刻与过去相连，填满看似断裂的、空白的时间。

借由这一情境真实感，有关个体心理感受、情绪的描述如遗憾、怜悯、迷惑、兴奋，乃至震惊等才出现。

既有平实事物所带来的共情："墙上的痕迹，或者一些器物或者一些……特别是比如说照片啊，或者人用过的杯子啊或者衣服。这些东西本身就是一个容器，虽然你不可以完全还原，但是你会想象他们是曾经有所归属的，而有归属的东西如今被废弃了……其实我们自己在人生中好像也会有一些这样的感知，我觉得嗯，这个东西会有一种想象中的共情"；"这小猫是经过怎样的挣扎最后倒在这里？打架受伤？饥饿？还是误食？加上它和我家的小胖子是一样的纯色橘猫，抱有更多怜悯。给它拍了照，看久了照片好像我也认识它一样"；

也会有更为丰富和激烈的感受："在外围的时候能看到一个很凶的标志：狗的头像下面写着'Dog Fighting'，一步步走进狗场打斗的地方，站在那里能深深感受到一种严肃又残忍的空气。虽然整个地方没有一滴血迹，也没有一点生物迹象，还是在好奇和震惊中感受到坐在看台上的人跳起来喊叫观看斗狗的场景，刺激又觉残忍，兴奋又失落"。而像这种"震惊"，已建立在具体的情境上，有别于单纯的建筑空间结构所能给予的视觉上的震惊。

具体的情境构建引发情绪（来源：访谈对象提供）

迷失的必要和"寻觅"的意义

在探索者对具体经历的叙述中，有关于"历史"、情境的描述时常是以疑问引入，或通过假设、猜测的形式出现。"不知怎么，地上散落报纸的日期远晚于墙上日历停止翻页的时间""不知道为什么会有满地羽毛的房间，难道是离开前玩枕头大战吗？"从遗留小物件的相关经历猜测，到对大型设备用途的好奇等，探索从真实的物开始，个人经验被开启并建构情境，这显然不同于陈列馆里单一的铭牌解释式的信息呈现。这些信息的空隙使得探索过程伴随着不断的疑问，有时甚至在探索结束后仍迷惑于废弃景观的原初状态："不知曾经经历过什么，墙壁上似乎还留着被火烧过的痕迹……没查到相关信息，像影院又像话剧社，也像小型音乐厅"。探索者对复杂、充满矛盾、乃至混乱的废弃景观的探索和思考乐在其中："让人觉得整个废墟的空间，其实容纳过很多的东西，就好像有很多平行时空是在这里曾经重叠过"，更为个性的案例比如古村镇改造而成的影视基地废景："有好几层意思在里面，二十年前的人为了拍100年前的东西留下的废墟。""很难去确定哪些是真的生活遗物，哪些是曾经的造景。"

至此，迷失的必要性渐渐凸显了出来。

访谈在此基础上，补充了进一步的问题"你觉得探索的过程是迷失的过程，还是掌握？"并解释这并不是选择题，只需谈谈听到问题的想法。在这类情况下得到的回答，大多是迷失的，或是像"掌握、迷失、掌握"或"迷失、掌握、迷失"这样看似摇摆的回答，但其实呈现出感知上的"一种递进的关系"。似乎探索者从中获得乐趣，却也并非一定要获得答案。

面对未定义的空隙，探索者在好奇心的驱使下继续着探索，通过废弃景观里涌现出的更多场景进行遐想与情境片段的构建，或深入理解揣摩废弃景观存在的原因："我们进入时，小鱼缸正好被阳光直射着，也不知道是先干死还是先饿死的。看其他东西的遗留情况也不像是慌乱走的。真狠的心，就这样遗弃了他们"，"仔细看里面留下来的东西，它们还是和苏联援助有很大关系，比如说废墟里的电子管（基本上能找到苏联的代换型号）、墙裙的颜色……因为我们大部分人没经过那一段历史，现在的书、媒体也没有宣传。所以当你自己从废墟中找到这些蛛丝马迹，也是一种好玩的体验"。

由此，"寻觅"的意义也开始显现。

此外，虽然有部分探索者认为寻觅废弃景观地点（位置）的过程是"枯燥的功课"，远不如已身处废弃景观之中的具身感知有意义，但也表明，在已然接近废弃景观、踟蹰于高墙栅栏、拨开茂密的植被、在无迹可寻的杂乱小径上探路找寻入口时，会感到又焦急又无奈，又好奇又谨慎的复杂情绪和细腻的体验——"这里的植物长势喜人，楼与楼之间的穿越需要拨开接近腰际的野草。草籽前赴后继地滚进脚踝与板鞋的缝隙，不得不停下几次摘掉它"——自然的、野蛮生长的植物在这些寻觅过程中扮演了重要的角色。并且，大部分活动超过一年的废墟探索者认为，查询资料和"踩点"是极为重要的，并且比所谓抵达废弃景观"朝圣"的那一刻更接近"探索"本质和意趣，是"寻宝的过程，自己发现废墟如同发现宝藏……对已经被探索过的或者很'火'的废墟兴趣不大"，"与其知道了对方所有的信息……去见面的相亲式'探险'相比，我更习惯也更执迷于以一点线索，可能是一次见面，一句传闻，主动出击寻找一个地方。这样得来的地点、身体的感受与图像的转化更加深刻而惊艳"。不论是通过留意周遭城市的变化、偶遇的发现，还是看到豆友发布记录后、由地图和街景比对来获取地点，以及最后真实的接近实地的过程，都能够从中获得极大的惊喜和成就感，并且这也有助于保持免于沉沦于都市生活的一种警觉。

移动中偶然和必然的瞬间

在废弃景观中，面对的往往是静谧、肃然、被自然所覆盖的遗迹、风景，但除非是在探索行将结束的时刻，探索者很少会驻足沉思，或是坐下来"冥想"。他们总是处在不断的行走中，或是朝各个方向张望寻找出路，决定下一步的去向。在此前的构想情境、寻觅答案的过程里，他们脑海中很少会形成连贯的、逻辑完整的叙事，也没有所谓深入的思考和感悟，更多的时候是充斥着移动中所触及的此时此地、所见所闻，以及散漫的情境想象，并注意着周边的路径。

"就在掉头之际，恍惚间发现密密麻麻的植物间隙后面，一条小径出现了，一直延伸到一个窗口之下……"——走廊通道、门洞、楼梯、露天小径……这些曾经指引方向，而现在却不知会将人带向何处的空间（以及因为废弃才变得可通过的空间，如矮墙、窗口、通风管等，增加着探索者路径选择的可能性），时常出现在探索者的记录中（图："通过性"空间）。很多时候，通过它们的方式并不轻松：挂着灯管的天花板下需要低头俯身通过，门需要想办法打开，废弃的楼梯需要试探安全程度，铁丝网、围墙间的缝隙需要侧身试探着通过……但任何能继续探索的通道都像有引力一样，让探索者不断地前往。即便没有一个焦点式的、有故事、有意味的事物，这些"通过性"空间，作为探索者的轨迹本身，在探索过程中也变得重要，代表着可能性和未知，促使人们移动和发现。

"通过性"空间（来源：平台记录）

　　而探索者所发现的，或"极有可能发现的"事物，也进一步地激发他们，想要尽可能走遍废弃景观的所有角落。

　　"极有可能发现的"，意味着偶然性和必然性的并存，探索者知道废弃景观的某些部分更有可能存在着他们所感兴趣的事物，比如废弃学校、厂区的宿舍，医院的实验室、标本室，公司的档案室等等，但又不至于为这"目的地"而忽视路程中的相遇："（废弃大学）本来我们主要是想去那个水中的玻璃球建筑看日落，但是在图书馆吧，那里留下的东西特别多，耽搁了，最后是在它那个空中连廊看的日落，特别好，刚好能看到玻璃球映着晚霞。"具体在路上能遇见什么，是充满偶然性和意外的。有时是计划外的体验，有时是引人构想情境的遗物，和令人疑惑和迷失的、本"不该出现"的物件；有时，仅仅只是猫的掌印，也能给探索者带来惊喜或惊吓；还有时，能遇到先前的探索者所遗留的、重置的以及创作的事物。总之，他们不停地捕捉行进过程中的碎片、调转自己的方向，用一段与空间环境的对话打断另一段，形成一种类似蒙太奇般的感知体验。

涌现的多元叙事

除了通过废弃事物构建个人的历史与情境、在行走中碎片式的联想，探索者在整理记录、回顾探索经历的时候，重新自然地梳理和组织叙事，将离散的想法、感受整合起来。久而久之，这形成了一种个体自身的探索"语境"或"背景"，积蓄着探索者对废弃景观的向往，显露在每位探索者记录文字、照片的侧重点，以及照片的处理上，也很明显地在他们记录探索过程后的总结抒发中直接地表露出来。

"佛跳墙"组名即指向"逾越束缚、打破窠臼"，置顶文章中点明城市探索在后现代语境下，与情境主义国际最直接关联的意旨即"发现生活的缝隙、隐秘的角落……用身体重新占领失去的空间，借助脚步对其加工和度量——诗意地行走在日常，对抗异化与景观（象），解放空间并发现新的意义"。有探索记录直接体现了在这方面的反思："人在速食影像的时代沉浮，来不及感受，或者——除了感受只有感受……纵使阅历丰富、经验依然单薄"；更具象的表述反映在对废弃建筑的思考上："在建筑被使用的时候，无法避免的招牌与文字有时会将建筑表面的大部分所覆盖，它们是业主比建筑本身更想展示给人群的内容，建筑被平面化为图像与影片。直到建筑被荒废，文字与招牌失去了当时招徕的意义，而变成了真正的附属物或者时代标记物，建筑的形体与材料才真正被显现出来"。

虽然"佛跳墙"组名本身意有所指，但众多探索者的想象和思考呈现出了更为丰富多元的面向。

既有因废弃景观"高于自身"的庞大、沉默、未知，形成类似于克苏鲁神话[5]的神秘主义解读："以前我思考之后发现，其实人对于废墟的崇拜和克苏鲁崇拜本质上很像。很多人对于废墟的感情都是恐惧又沉迷……所以我的照片往后会倾向于用很低的角度，接近于跪拍的角度去拍摄"；也有与之相反的，认为"有神论，或者将精神寄托于某物上，这本身就和探索的精神违背……变成了更加坚定的无神论者"。

因为废弃事物与自身经验、记忆的关联，许多探索者会联系到自己的"童年"，而这其中的视角也有些差异。部分探索者因为童年时代在厂区、单位宅院度过，会与自身曾熟悉的景物建立起情感关联："老旧的居民楼、二楼，不透阳光，我的卧室外有遮住所有光线的梧桐树……每次废墟探索中总会产生的感受……总之，对这种阴暗、潮湿、失去阳光的通感使我一次次走向探索，并升起无助的画面感，抑或是失语的体验"；也有探索者借由废弃景观的陌生，回归童年的观察视角——人们在成长过程中逐渐理解和掌握成人尺度的房间和家具，而小时候只能用想象和一套自己的逻辑去摸索空间的感觉，在巨大又沉默不解释的工业废弃景观中复苏："在空无一人的废墟中，不需要他人的牵绊，抛开了人的推搡与人尺度的参照。他在其中攀爬跳跃，远远看上去就像被摆放在房间各个角落的玩具士兵，这里变成了一个他有些熟悉的空间，似乎就是二十年前的那个房间"；还有探索者单纯希望"带着孩提时期的那种'物外之趣'去观察废墟"，借植被覆盖的玻璃窗想象哆啦 A 梦传送门，借窗纱想象瀑布等等。

部分探索者着迷于"人类消失后的世界""失落的世界"，认为在废弃景观中探索"模糊了幻想和现实的边界"——"完全不需要置身科幻电影中。我们日常生活的大都市里，就有很多个这种已经剥离了人类文明的角落。很像通过一个破窗户、地洞等发现了这个城市的副本。"与此相关的思考往往包含着对自然力量、自然与人类关系的感悟："看着这些植物侵入、瓦解建筑物……自然能多么坚决地否定我们——世界最初的敌意穿越亿万年光景，来否定人类所谓的意义"。

当个人或小团体探索的废弃景观地点积累到了一定数量，历史、情境碎片将堆积成近似于"数据库"的存在，而此时，探索者有可能因一系列废弃景观的探索实践形成一种跨越地理和时间相联系的总体认知，如一座城市某类产业的兴衰迁移，城市更新波及到的地区和时序，老旧社区拆迁后的典型、非典型（如暂时改为影视摄制基地）历程等等，这些认知除了帮助探索者能察觉捕捉到新的废弃景观地点，更重要是帮助探索者返身于现实世界之后对当下都市景观变迁有了历史感的认知。

同样一处废弃景观在不同的探索者记录中，可以显露出完全不同的场域氛围，表达着远超于以上所提及的多元叙事视角，这已远非社群平台所宣告的核心意旨，或者简单的视觉审美、猎奇心理所能指向的价值。废弃景观的混沌和个人的取向、具身体验的相异，共同创造了复杂、丰富和多义的空间叙事。在废弃景观中，"似乎可以抵达一个多重时空组成的空间，包含了平行宇宙中的无数可能性"，而"每个沉浸在废墟中的人都能找到自己想要的东西，像《潜行者》[1]一样"。

指向空间意义：在废弃景观中度量空间

德波曾言，景象社会不是景象的集合，而是景象所操控和中介的、人与人之间的社会关系——人们不再依靠具身的空间、场所来对话、交往，而是通过图像的传播来交互信息。那么，废弃景观作为活动场地、空间实践对象，以及交流话题、结社契机等等，有哪些人群以其为中介相关联？

依据平台记录和访谈，大致可分为两个部分：一是城市探索进行时所发现的、废弃景观作为实在的空间所中介的关系，二是城市探索者社群网络的关系。

废弃景观中的人群

通常有大面积露天场地的废弃景观，最常发生的是会被周边居民、保安或工地工人用作种植蔬菜、豢养家禽的地方，这些废弃景观通常地处城郊，不设高墙、容易进出，但也有"老大爷翻过两米的墙进入废墟，只为了种菜"。

在一些紧邻居民区的大型废弃景观中，比如废弃阶段的杨浦滨江，许多通往江边的道路成为了断头路，这既可以理解为是已丧失了城市交通运输功能的废弃景观，也可以看作是废弃景观与城市功能空间的缝隙——断头路两侧是围墙、栅栏隔开的废弃厂区、码头，由于这些路和居民区之间没有截然的警戒线，经常会有周边居民休闲娱乐，路灯下跳交谊舞等；临时商贩就地摆摊，贩卖衣物、日常用品；还有无家可归者在路旁搭建临时住所。

废弃景观中种植蔬菜、豢养家禽（来源：平台记录）

废弃景观临时住所（来源：访谈对象提供）

　　在学校、有配套生活区的厂区等废弃景观中，可以观察到周边居民废弃的体育活动场馆、场地上跑步、打球，甚至钓鱼。

在进入最为困难，那些高墙环绕、基本"不被看见"的废弃景观中，通常存在着一些艺术活动，例如涂鸦、喷绘艺术，街头不被允许的街头艺术转移到了废弃景观里，并将一个一个接续到来的探索者们用好奇心的纽带联系在一起，这有点类似艺术漂流瓶的活动："印象很深的有一个在几处遇见过的喷绘，是个抱膝蹲下的女孩，好像和废墟一样孤零零的，在这个世界上。有一个，似乎在横梁的阴影下面，又好像得到了一些庇护。之后再看见就跟重逢一样，有开心有安慰，很复杂。也会想想喷绘的人是什么心情，后来偶然看到一个帖子下面组长说喷绘主人也在豆瓣，去看了她相册，还有我没遇到过的，期待遇见吧。但也可能就已经和废墟一起消失了。杨浦滨江那里的就消失了吧"。此外，还有利用废弃景观拍摄正式或非正式的影视作品、录制音乐等的活动发生。

废弃景观中的喷绘艺术（来源：访谈对象提供）

　　有一部分探索者是通过当地门卫保安、周边居民，甚至地点旁边的交警，还有废弃景观里的无家可归者来了解废弃景观的历史和未来，建立个体和场地的链接："和保安聊天，一般像拆迁那种的临时废墟管得也不会那么严，聊聊天可能反而就放你进去了。那这种地方不是废弃公司啊建筑什么你在网上还可以容易查到点信息。那保安跟你说这块地方要拆还是改了保护，原来干嘛的，为什么不直接拆掉，那还挺有意思的。"很多旧改拆迁导致的临时废弃景观有可能存在争议，原住民也会试图干预废弃景观的演进，像是试图阻拦场地进入生命尾声，他们会主动讲述与之相关的故事："贴着照片还有各种资料……应该是有居民在做这件事情，我们拍照的时候一个居民会过来给我们讲谁曾经住在这里什么的。"

　　除了在废弃景观之中的探索和发现，探索者还会逐渐关注到废弃景观周边本地人的生活日常，去体会这一处废弃景观曾在城市中扮演的角色和存在的意义："（杨浦滨江南段）同时走到那边的时候会经过定海桥那一片社区，然后定海桥本身是非常具有烟火气的一片啊……民居集中的地方吧，全是很小的商贩小店，然后各种吃的夜宵摊子其实是非常吸引人的城市地方的那种，老社区的感觉也是那种，自然生长的感觉吧。但是现在我看到那一片地方也立刻要被拆迁了，然后那里也有很多老的厂房，它们就是……被幽禁的感觉，就是虽然那些厂房在那里非常巨大，像巨大的野兽，但是其实它们是被关在那里的，外面的人是不能够进去的。"

指向社会意义：废弃景观所中介的关系

佛跳墙废墟探索小组自 2018 年建立至今成员已逾四万人次，不少探索者都是经由这一社群平台，初次了解到"城市探索"或者"废墟探索"的概念，有意识地参与到城市探索活动中。

目前围绕豆瓣小组已衍生了许多微信群，便于探索结伴和即时交流，也成为刚开始进入城市探索领域的朋友的入门途径。而从访谈了解到的情况来看，大部分探索者有加入群组的经历，但不久后就会退出，形成相对固定的探索伙伴，一般不超过 4 人。豆瓣小组、微信群组平台规模较大，有一定的共识（"三不"：不公开［地点］、不破坏、不带走），但自成员快速增长（2018 年 10 月被豆瓣首页推介）以来组织松散，探索者一般排斥临时结伴——这也是由于城市探索需要相互间较高的配合度和默契度。而长期共同行动的小团体成员间不断加深相互了解，共同构建想象和叙事，也有小部分成员发展出探索以外的友谊，甚至于亲密关系。

关于探索者交流分享的动机，传递自己的情绪和感受、给大众展现自己的经历、想知道别人的经历等多个方面，这种交流也进一步促进了探索行动："交流和分享存在一定的可能，激发人的行动力吧，比如说你会想尽量多的去探索一些……这有一种就是让你感觉还是有一点自豪或者骄傲吧……一方面他好像也强化了自己的这种兴趣，另一方面，跟一群有同样喜好的人交流，这样的事情还是挺开心的"。

在动机中，值得注意的回答有"公开发布主要是为了跟别人换点""探索经历有些时候会作为社交破冰的谈资"。不可否认，在这里，也有着以图像为媒介，交换与买卖废弃景观位置的目的，其中一部分是追求在废弃景观中病态、丧的"废墟情绪摄影"——有一致的淡漠表情、怪异妆容的人像摄影（以及作为人像背景和颓废象征的废弃景观），此时的废弃景观就是可交换的景象。此外，小组探索记录现存近两千条，即便有不愿公开记录的探索者，四万多名成员中也存在着大量非身体力行进行探索的"视觉观众"，以及追求废墟美学置景的摄影师。

在 2019 年年末，关联小组"佛跳墙呼朋引伴"有成员指出（上海）大量废弃景观遭到破坏，地点被买卖，引发了持续半个月的争议与讨论，最终在 2020 年 1 月 1 日修订了小组入群规则，明文规定：禁止买卖废弃景观位置，不再鼓励交换位置，并且设置了惩罚机制（删除发言、封禁账号）；需手抄基本共识（不公开废墟的具体位置，不带走废墟的任何物品，不破坏废墟的原有样貌，不遗留无法降解的垃圾），审核后方可加入小组。这是一处只属于自己的秘密花园。

第五章　废景演进中的杨浦滨江南段

　　杨浦滨江拥有上海城市中心约 1.8 平方公里宝贵的存量用地，与工业废墟混杂在一起的大片里弄住宅及自建的棚房简屋几乎就是上海废景演进的缩影。这其中，定海桥的互助江湖与杨浦滨江的景象叙事，像是时空翻转的两面。

　　定海桥坐落于上海当下，却又离散在上海之外，它在物质上的存在和在空间上的持续占据，不能阻止它走向时空的废墟。百年间不同时期的移民工在厂区的小河边、在殖民时期的宿舍和社会主义新村住宅中逐步栖息和搭建起的定海桥，是工人劳动和生活的聚居区，也是不断裂变的底层生命的幽暗丛林。成功的生产者用新旧交织的手段离开这里，留下同历史切割不成的生活者。

　　杨浦滨江，从"锈带到秀带"的工业再生议题将对工业废墟的审美从小众品位变成社会化语言，旷野、宏大，以及粗砺拙然的工业构件带给浸淫在精致都市生活中的人天然的距离感。杨浦滨江以视觉作为媒介，通过工业遗址和当代艺术以及消费文化的结合，在废墟之外创造了一个足以将废墟衬托出价值的场域，创造了一种意象经济。

去定海桥

爱国路地铁站　定海路　棚屋　摊摊贩贩

定海桥互助社（药玩）　定海港路　旧书店　定海桥

2020 年 11 月 20 日

……

　　沿着爱国路向南，两侧立着无聊的围墙，走到尽头时，平凉路上脏兮兮的小吃店、手机维修店、服装店冒出来，预示着一个物美价廉、芜杂、烟火气十足的生活区域的到来。这些杂乱无章又艳丽俗气的招牌是"中国式审丑"的典范，是中国城市独有的、最常见的景观。它们散发着"想要被看见"的生机，勾起了我太多关于美食的记忆。正式拐进定海路，扑面而来的食物香气让人产生画气味地图的冲动，仅作为对此地当下状态的记录而非城游指南，因为家常气味的感知最好是以不期而遇的方式。

　　上海所有类似于定海桥社区的破旧弄堂，都是所谓"低端人口"特别需要的吧？它们躲在昔日工业锈带的角落里，给在烟厂打工的外地阿姨，提供遮风避雨的容身之所，尽管那只是一间没有厨卫的十平小单间，但重要的是租金低廉。因为各式各样漂泊的人的聚集，这里又催生出各种实惠的商业，在上海能够买到 5 元钱的奶茶，这样的满足真让人喜欢，这是记住一个地方的理由，也是让城市有温度的理由。而作为这种"底层生活"的旁观者，一名象牙塔里的学生，我为这些资本或权力"无暇顾及"的地方深深着迷，我需要它们。

它们近似于艺术，是人类自由的表达，而且似乎任何一座城市都必然存在这样的区域，正如位于哥本哈根市中心的无政府主义公社——克里斯钦自由城。1971 年嬉皮士占领此区并实行自治，后来越来越多艺术家、流浪者、瘾君子涌入此地，涂鸦、音乐、大麻的甜腻气味、兴致高昂走路晃晃悠悠的瘾君子、喧闹的大麻集市，共同塑造了该区的迷幻气息。如今，自由城内也有自己的餐厅、游乐场、废品回收站、医院、学校，乃至独立的货币和法律。

　　自由难道不是每个人都渴望的吗？然而，定海桥的原住民不再需要这里了，他们渴望拆迁。

MM

　　下午五点的样子，穿过定海港路，两边屋子里传来各色饭菜的诱人香味。在上海，像定海路这样应有尽有的沿街菜场，就只老城厢那儿还能见到了，也许现在也见不到了。《在城市腹地里的食物市场》里有对都灵市中心最大的菜市场的描述："在市场上你可以选择，它给你购买和询问的自由，你可以知道产品的来源，在购买之前触摸和品尝。"购买者向摊主讨教烹饪食物的知识、餐厅厨师们会在菜场里闲逛，寻找当地的时令食物寻找灵感，并和菜场的商贩们渐渐熟识；这种人与人之间日常的真实的关系的建立不正是每个人渴望的吗？问到两位路边闲聊的爷叔，其中一个说拆掉后宁愿用手头的钱在附近找个二手的小居室也不要搬到乡下去。那种能在窘迫的空间里想方设法搬出椅子桌子还有花盆，甚至是电饭锅公然占道，没事的时候不用晃荡太远就可以抓住一个邻居闲聊的经验，以及无论生活好坏都留下过记忆的场所本身，都渐渐消逝了。或许在大都市的宏大话语里，又或许在一部分居民的心中，留存下这些记忆似乎并没有什么价值。但是，可以以人的尺度去度量的空间总是应该延续的吧，在这里被抹掉了，还有机会在别处生长吗？高效的精确会带来空间的固化以及使用空间的人的逐渐固化。而宏大也好，奇观和崇高也好，都不是任何人的日常可以长久承载的部分。

在定海桥上回望，这座都会正昂然向前：代表城市的美好、终极和某种雄心的中心城区，以及极力要摆脱现状的旧工业、旧里腹地。只是，那些对触手可及的美好的想象里，没有给曾经在这块土地生活过的人们留下什么，而那正在逝去或已被书写的历史，哪里又留下了他们的身影。

L

十年水流东，摇到定海桥。"农村已科学地长出城市，城市又艺术地长出农村"，这地方在江边又野蛮又平凡地长了许多年，许多年后上海下只角的下只角想象里还有没有它？

最初摸到这个地方根本是巧合。大概就是 2017、2018 年在还是废墟一片的江边探险，完事了觅食和瞎晃荡，遇到的是一家杂着奶茶炸鸡奶油蛋糕的小店，奶茶卖七块钱一杯、珍珠还带股塑料味。这里的吃食方便实惠，去年年末定海桥互助社乱炖局有不少伙伴"就地取材"地拎来食物，谁搂着一大袋菜场卖剩下的丸子，谁带了自家磨的豆浆……

在我对这块地方的感知历程中，没有什么意外和惊讶，只是在象牙塔里待烦了心待空了的时候，就来找一找味道。也因此很好奇，如果是为了体验焕然一新的滨江而莫名其妙撞到这个地方的人们怎么想。不过最早我以为这边都是过去江边工厂里的职工，而其实曾经的苏北工人已经变成了老上海，多住在隔壁的工人村弄，这些年操心着儿女的婚房。朋友从互助社边上的窄弄堂穿出，和晒着太阳"平平无奇"的老大爷谈天，大爷说是打算购置滨江新楼盘，笑笑看我们这群外地人。

今天"改造一片旧里，幸福一方百姓"的横幅在新地铁规划线上方飘飘荡荡，这头 449 弄墙壁上是喷了抹、抹了喷的"言而无信""说拆不拆"还要再等几年。世行报告关于地点的 3V 价值模型，科学地解释了这儿从滚地龙到楼板价 15 万一平的公寓，在上海找猪的人总要走到这种科学里，唱不得那句"今日全球化，明天就自己耍"。

X

我对小螃蟹说，你看，妈妈的外婆家十年前就是这个样子哦，妈妈小时候就经常在这样的家门口疯玩，累了就坐在门口的小板凳上吃零食，很爽的。但我知道，这其实仅仅是属于小孩子的快乐和自由。居住在这样逼仄或凌乱中，对于成人更多的是忍耐和智慧。比如，外部空间一定要尽可能用好，最先需要在屋外搭建的一定是一个既可以刷牙洗脸又可以洗菜洗衣的水池，这个水池逢年过节会很热闹，杀鱼腌鱼都会在这里进行，邻里上下经过还会给送上一条。虽说邻里之间关系非常熟络，但又不总是和谐的，公共空间的使用总会有些摩擦，谁家多违章搭建了一点占用过道了，谁家又把水管堵了让污水横流了，这些事隔三差五地发生总要惹得邻里相互爆粗话。我的外婆就是在这样的一个环境里变成了一个暴躁的老太婆。都不用问，我就知道她是绝对更加喜欢眼下她在现代小区里干净整洁的两室一厅的。所以我非常理解，居住在这儿的人们想要搬离的心情。

HP

在路边讲上海话，即使住棚户他们也是自豪的。大多已经八九十岁的一代苏浙皖移民，和也已经成为爷爷奶奶的二代移民，他们打心底认为自己是上海人了。这和深圳的城中村绝然不一样。深圳城中村是明码标价的客栈，"来了就是深圳人"对于仍在城中村里努力想出去的人来说，仅仅只是一句宣传语。定海桥这里棚户大部分的拆迁户是买不起临近区位房子的，再往外退，就是外环以外了——所以有些人有在临近老小区买一个小户型的打算。而这一个甲子有余的岁月，让上海棚户里想出去的集体情绪多了一些复杂的连结：想出去的是一定的，有留恋也是一定的，在一番挣扎和衡量下，恐怕经济理性总是要占上风。不能拆的街坊里，墙面上的涂鸦写了再擦，擦了再写——"要出去"。要住新房子，子女结婚等着用钱，要出去！

我一定是在意便宜的生活和不花钱的快乐的。定海路上能坐下来吃的店不多，熟菜店和各种小吃点心店不少。菜摊和快餐店混在一起，里面还夹杂着一两家卖衣服的店，老式的羊绒衫，外贸货。再不然就是隔几步就冒出来的蟹店，太湖蟹十元三只，个头约莫一两半，青黑色的蟹壳，细密的白泡泡，挺招惹人。这是上海的秋天。

　　弄堂里阿姨爷叔在准备晚饭。房子外面看着很破，里面有的收拾得还利落。东外滩一号 2012 年拔地而起，周边的新楼盘开始冒出来。定海路从时尚中心走到平凉路的节板，走得有些踉跄。夕阳下这样的场景被渲染得触人心弦，而喧嚷的市场也没有在夜色里平息。这些人生活在这里，不久他们就要离开。我们站在这里，眼前是无解的个人与社会的命运，它对于我们，既不是切肤之爱，也不是切肤之痛。

　　回想去年杨浦滨江南段全线开放之初的体验，那种隔着一条杨树浦路截然的两个世界，似乎也已经成为过去。定海桥的居民陆陆续续在搬离，他们在狭窄弄堂错杂的屋檐和搭建里摸索的阳光，升到了三十层的高空继续飞扬。而我们在暮色四合的定海桥上，北望是如同乡镇的工业厂房，坑洼的水泥防汛墙和苇草，南望是国际时尚中心高扬的风帆和粼粼的浦江浊流。大河没有消失，它只是向内潜流。

ZY

　　狗骨折了不能走，在家又可怜，只好抱着来逛定海桥。一路走着的时候，我的心思都在狗上，狗实在太沉了。

　　定海桥的狗，每一只都不一样，没有断尾的泰迪，各种小土狗，都是机灵又好看的。

　　狗不怎么拴，不怕人，不躲人，也不惹人，自己有自己的事情忙。

　　听说鱼店有猫，常常坐在鱼上。定海桥自由又奇妙。

August

定海桥是上海"边缘"的存在，它是杨浦滨江腹地的一处历史性工人社区，天空中是蛛网般交错的电线，脚下是迷宫般幽暗的小巷子，还有两侧密密匝匝挤着的砖瓦房，偶尔难得的一块空地，是杂乱的草和破旧的几样家具摆着，却成了猫猫狗狗玩耍的好天地。这儿有历史悠久的"自建"传统，是大量外来务工人员的聚居区。从表象上看，你可以把它视作棚户、贫民窟，甚至废墟；从内里，任何去过的人都不会忘记她野草般的生机。相较于那些春游去迪士尼玩的孩子，这里的孩子可以很骄傲地说：那有什么可以玩的啦，你这个玩过吗？其实可能你看到的不过是块泥巴地，或是旁边工人新村拆迁后荒废的院子，但就因为生物恣意生长，小小的自然在孩子们的触摸和监视下，就是一个大世界。废墟或荒野空间的社会价值在于让平民找到了自己的主体性。[1] 就像《城市的胜利》中，欣然拥抱这一类灰暗空间——里约热内卢从基督山到海边的大片区域，那些在尘土飞扬中踢球的孩子，南美多少伟大的球星是从那样的贫民窟长大的。对，定海桥也曾有一支足球队，定海 449 足球俱乐部。

定海桥互助社[2] 深藏于定海港路的小巷中，这是一个意在促成邻里或同志之间在互惠的原则下互动、互助、合作的自发组织。定海桥儿童绘画班、定海桥导览、定海桥工人新村拆迁区自然观察，这些活动常常被社员自诩为"捡破烂之约"。这很容易让人联想起波德莱尔或本雅明笔下的拾荒者，在巨大的商品堆积中，被时间遗忘的废墟是盘旋于城市上空历史的归宿。

在定海桥互助社对自我的记忆与叙述——《定海桥：对

历史的艺术实践》中，这个在几度反转的时代中屡出风云人物和更多、更长久，也更沉默的小人物的城市边陲，用自身叛变和互相支援的方式安生，在沉默与爆发、沉沦与暴力的交替中，更新身上的液体与记忆。

景象叙事：从锈带到秀带

杨浦滨江南段空间的界定，一端是定海桥，另一端是秦皇岛路轮渡码头。因 2019 年国庆"城市空间艺术季"的成功举办，它逐渐进入了公众视野。浑黄的江水依然，昔日的高桩码头只剩下裸露的柱础，白鹭、灰鹭还有不知名的水鸟在退潮后的滩涂上信步，江上飞鸟，这是不曾想见的浦江。江边多了许多供人徜徉的开阔地、疏林草坪，甚至还有夜光篮球场、沙滩排球场，伸到水边的沙滩。浦江水岸，由外滩、小陆家嘴为原点，向北逆流，往昔锈色的杨浦滨江腹地一点点被唤醒。

杨浦滨江，在整个上海大都市的滨水地区战略复兴中有着极其重要的意义，它曾被联合国教科文组织专家称为"世界仅存的最大滨江工业带"，拥有上海中心城区最长的 15.5 公里岸线，其中滨江南段岸线总长为 5.5 公里，蜿蜒岸线中还夹着一个内陆岛——复兴岛。

19 世纪中末期，杨浦滨江南段地区随越界筑路划入租界，属上海公共租界东区，1899 年杨树浦路已东拓至今日规模。因其水陆交通便利，又因 1895 年《马关条约》中已准许外国在沪开办工厂，故而杨树浦路以南遍布工厂、仓库及基础设施，巨大的厂房、塔吊林立江岸。除了工厂，"沿杨树浦和平凉路一带，居民区一个接一个的涌现"。至 20 世纪三四十年代，《新青年》评论"杨树浦一带，竟可称他为一个工业社会"[3]，同时作为"工厂职工"和"腹地居民"的人们，将杨树浦路南北的厂区和居住街坊紧密地联系在一起。进入 90 年代，杨浦滨江地带传统的强势工业经济日渐衰退，工厂陆续停产，响彻了半个多世纪的机器轰鸣渐渐停息，并终于在 20 世纪末开始渐渐废弃直至成为工业废墟。

2003 年，地方政府提出"知识创新杨浦"的转型发展愿景[4]，但滨江地带因撬动土地置换的租隙微弱，旧改土地出让迟滞。而此时，临近优越历史区位的卢湾区"打浦桥"、静安区"曹家渡"、普陀区"两湾一村"等同是旧日棚户的地区[5]都已基本完成更新改造。此后，得益于 2010 年世博后滨江地区交通网络的完善，平凉、大桥、定海片开始陆续有地块完成拆迁，滨江腹地持续地出现点状废弃，工厂职工陆续离开。[6] 2014 年杨浦滨江南段启动整体更新。2019 年国庆，滨江南段开放 2.7 千米杨浦滨江工业"秀带"，排除视线障碍，点亮沿线部分废弃厂房，并在城市空间艺术季结束后陆续推进公共空间腹地开发及厂房改造工程，至此杨浦滨江废景演进所赋予的空间想象，才实质触发了滨江腹地居民区的大规模拆迁。

通过爬虫程序，以"杨浦滨江"[8]为关键词获取了杨浦滨江南段在微博平台的相关内容。微博条目包括了宣传纪实图文和人们的感受与评价等等，传递出地方政府、社会资本、公众等多元主体对杨浦滨江南段的想象与认知。

2017 年以前，相关微博条目多是由"上海杨浦""杨浦共青团"等官方用户端发出，对工业文明、历史底蕴以及规划愿景进行总体介绍，百年"工业锈带"的叙述首见于 2017

年 3 月；公众对当时已开放的渔人码头 550 米示范段的文字评价不多，照片的呈现集中于锈色的景观小品和公共空间设施。

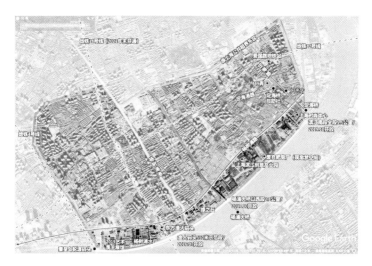

杨浦滨江南段

杨浦滨江南段启动整体更新改造，空间范围包含杨树浦路以南、黄浦江岸线以北、秦皇岛轮渡码头以东，定海桥以西的区域。通过 2004、2009、2012 版控规的调整，明确了"以工业传承为核，打造历史感、生态性、生活化、智慧型的杨浦滨江公共空间滨水岸线"的理念[7]，将工业遗存的保护与利用纳入滨江总体形象和功能的打造。

　　2017 年杨浦大桥以西 2.8 公里段落开放后，杨浦大桥、塔吊和杨树浦"水厂"作为标志物开始出现在照片中，锈色设施依然是人们热衷于拍摄的对象，"工业"一词逐渐呈现于公众叙述，直到 2017 年 10 月、11 月，正值粉黛乱子草花期，公众发布的杨浦滨江条目陡然增长。这些条目除了以杨浦滨江为叙事中心外，还有"粉黛乱子草七大/十大打卡地"

的指南条目。粉黛乱子草，这一原产于北美的观赏草，近年盛行于国内多个粉色打卡地。但是，相较于社交媒介中人们置身于梦幻般"粉色花海"的场景，现实中却是花海被碾压出各种不规则人形或花草被踩踏后四处倒伏的狼狈。而杨浦滨江的"原住民"芒草，看起来与芦苇很像——一种数百年来一直生活在黄浦江畔的植物，种植于场地另一端，却颇受冷落。

在 2018 年没有新落成段落的情况下，杨浦滨江的相关条目再度变少，但也使得一些如"鱼腥味""鸣笛"等视觉以外的日常感知词汇渐渐显露了出来。随着城市空间艺术季的举办和杨浦滨江南段全段 5.5 公里公共空间的开放，2019 年末、2020 年官方用户端、规划设计相关平台号和公众的微博发布数量均急剧增长，此前针对"锈带"相应提出的"发光带""创新带"统一叙述为"秀带"，"工业""空间""建筑"词频显著突出，并多与"摄影""打卡"相关联；照片的呈现除了锈色设施之外，更多地关注了开放空间中的艺术装置、植被和以"绿之丘"[9]为主的建筑。

回溯这一过程，自 2016 年示范段开放至今，杨浦滨江"从工业锈带到生活秀带"的景象叙事是由最初示范段锈色设施的设计打造，经宣传图片、公众照片以及将其与"杨浦滨江工业风"描述相联系而逐渐放大的。2019 年国庆期间杨浦滨江南段废弃厂房被点亮，大量以废弃景观为背景的自拍打卡、通过扫码迅速获得的场地概略，拉近了市民对于这类特殊空间的认知，废弃景观也因此重获了公众关注和公共性。

2016

规划 信息 渔人 遗迹 咖啡
全球 青年干部
工业 便民
外滩 空间 码头 历史 地带 遗存
计划
文化 精神

2017

论坛
市民 乱子工业
水厂 粉色 渔人 筒仓
大道
码头 粉黛 建筑
国际 梦幻
网红 空间

黑暗 自来水厂 鹭鸶
市民 历史 遗迹 鸣声

2018

鱼竿 码头 工业 渔人筒仓 鸣笛
麻厂 鱼腥味 鱼市 鸟儿
自来水厂

荒野 过程 年度 游船
大奖 建筑界 班轮
码头 景观 记忆 中心

2019

计划 建设者 住宅

锈带 艺术 网红 历史
秀带 视频 社区
驿站 工业
公园 空间 打卡
市民 码头
2020 建筑 疫情 摄影
中心 世界
经济 发电厂 过程
外滩 摄影 绿色
大宅 绿洲 码头
船厂 建面 工业 图库
打卡 现房
网红 视频 渔人
咖啡馆 豪宅

2021

"杨浦滨江"相关微博词频分析（截至 2022 年 1 月）

滨江漂移地图

　　杨浦滨江最喜欢的段落几乎都有原真的废墟气质，那些孤零零地在腹地和滨江之间地带矗立的黑房子，四下的旷野是已出让或仍在等待中的土地，风雨过后荒草丛生。这短暂的停歇，令驯顺的都市多了一点狂野与自由。低矮的两层建筑，窗户玻璃没有了，在暮色中的剪影是一个一个透出暮光的画框，歪歪扭扭，不规则地排列，充满历史的想象。迥异于景象叙事，曾多次前往废弃时的杨浦滨江南段的我们绘制了自己的心理地理地图，除了氛围单元和漂移轨迹的绘制，还有两组有趣的线索发现。

探索者绘制的漂移草图

大家先是在卫星图上选取了印象深刻的片段，勾画了草图，然后围绕各自的探索经历和草图，在充分交流和讨论的基础上，确定要表达的内容和需使用的相关笔记、照片、图片等，由研究者如实地拼贴相应的文字、图片材料，最终绘制成一幅心理地理地图。

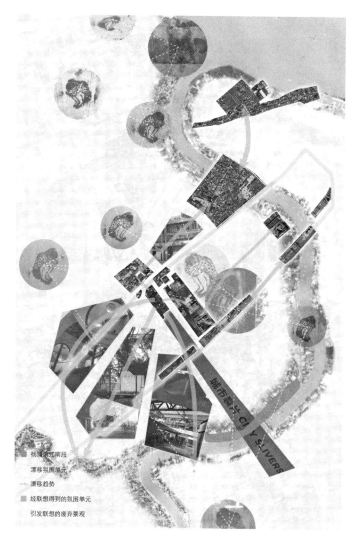

探索者与研究者共同绘制的心理地理地图

　　一组线索是关于流浪女孩的故事：探索者在几处废弃景观中都遇见了一幅"女孩"的喷绘作品，其中有两幅是在杨浦滨江废弃肥皂厂中发现的。后经在豆瓣小组平台交流，知晓了作者，也找到了作者发布的"带她去那些地方"的相册。对探索者来说，这是一个"'女孩'在城市废弃景观四处流浪的故事"，她走过废弃建筑的消防通道、立交桥的墩柱、肥皂厂的窗檐下、江岸边的消浪块上……这故事将城市里不甚相关的隐秘角落联系起来，是巨大的都市中一个渺小身影孤身行走后留下的痕迹。

　　另一组是在探索中意外发现的"上海滨江创意产业园"的故事。探索者 2018 年、2019 年两次去探索杨浦滨江的肥皂厂、煤气厂等废弃厂房时，偶然发现近邻肥皂厂地块的场地，场地上的工厂等废弃建筑似乎被介入地改造过。工厂的标志在墙皮脱落的外墙上已经有些褪色，场地上细密铺展的青瓦和丛生的野草让它仿似荒废的园林，但是一片插入厂区的弧形墙面以及一些写着"非学校"的招贴画又让人觉得很现代主义。这里既不同于上世纪遗留下来的锈带，又不像常见的创意园区——仿佛"城市裂片"，初看之下很难辨认它于何时建造，又经历过几次废弃。深入室内空间后，从地上散落的文件、报纸、书籍，墙上遗留的建筑效果图、挂历、标语、告示，才慢慢拼凑出一幅图景，并指向了代表"上海废弃工业遗存改造的开端与曲折"的一段时空。

一段时空的失序与建序

　　这是一段生命时空的真实故事——"上海滨江创意产业园"，在控制性详细规划中，它的编号是 N3 - 01。

　　作为黄浦江岸段落之一，这片土地在 20 世纪 20 年代上海工业化发展初期，迎来了它的第一次建序。1923 年，美国通用电气公司于此投资亚洲最大电子工厂——上海电站辅机厂，它曾被上海市政府评为园林工厂第一名。而后，随时代浪潮几度浮沉，上世纪末逐渐衰败失序。

2004 年，主持苏州河南岸杜月笙粮仓改造的台湾建筑师登琨艳，希望在黄浦江岸找一处废弃的工业厂区做设计中心和创意产业学校。彼时，建筑师虽已积累了一定的社会声誉，但在与北外滩、复兴岛等地的工业厂区交涉中都没能达成共识，最终在地方政府的协助促成下才落脚于杨树浦路的原上海电机辅机厂，改造成"上海滨江创意产业园"。

登琨艳利用此处原有的厂房，以及城市他处拆除的瓦砾、水管、木地板等废弃建筑材料，创意地重构后再造空间。又吸引来 12 个国家的大学、研究所的师生在此举办"非学校"暨"产业建筑保护与再利用国际学生设计工作营"，工作坊期间，登琨艳义务地提供师生食宿。2004 至 2007 年，这里整合了多家建筑、时装等设计创意产业，以及花草茶店、咖啡工厂等时尚消费场所入驻，除日常的创意产业运营外，还举办音乐会、秀、展览、沙龙、派对，作为电视剧拍摄场地，并且在无重大活动时，向公众自由敞开。一时"上海滨江创意产业园"成为新闻媒体争相纪实的活力源，建筑规划行业内学习研究的标杆，这片土地也得以完成了生命周期的第二次建序。

原上海滨江创意产业园影像

行至 2010 年，杨浦滨江地铁尚未开通，连接军工路的杨树浦路两侧依然被大工业挟持，道路上尘土飞扬，虽工业园区改造之风已甚嚣尘上，这幅作为杨浦滨江更新起点的土地却仍处在"下只角"的阴影里。但终因合约期满，建筑师以及各创意产业公司陆续迁出，园区重又封闭了起来。2011年，原电气公司回驻，然而空间却无可挽回地持续颓败凋敝下去，直至 2017 年彻底废弃，偌大的厂区重新隐匿于杨浦滨江众多的工业废墟之中。

2018、2019 年，当我们前往探索时场地已荒草丛生，从卫星图上也已看不出与周边废弃景观的分别。

　　2002 年初上海启动黄浦江两岸综合开发工作启动，2005年上海市第一批创意产业聚集区授牌，杨浦区政府于上海电站辅机厂厂址打造滨江创意产业园，距离今天已经是十几年前的故事了。在"杨浦滨江核心段城市设计及控制性详细规划图"中，片区中明确挂牌保护的工厂在创意产业园的南部，是一处建于 1921 年的长达两百米无柱子与隔间的仓库。至于创意产业园，历经三版控规的调整（2004、2009、2012 年），在土地利用规划中已经呈现和周边大致相仿的用地结构，代表商业服务与商务办公的红色配以代表开敞空间的绿色。此时，上海地铁 12 号线东段（东西向经过杨浦滨江南段腹地）已经开通，18 号线（南北向毗邻杨树浦港）已列入计划，杨浦滨江南段腹地开始出现大片里弄拆迁后的废墟，杨树浦路沿线的商铺也陆续封闭——此时询问周边的商家和居民（因旧区改造，周边商家也所剩无几，居民也大多拆迁），对创意产业园这块场地都已经没有记忆了，上一轮的"建序-失序"似乎是已经消失的插曲，在历史的注脚中留不下印记。

　　2019 年，"上海滨江创意产业园"所在土地相应的滨水地带贯通，周边部分工业废弃厂房被改造或点亮。2020 年，杨浦区于杨浦滨江南段打造"在线新经济生态园"的"总部秀园区"。其中，哔哩哔哩关联公司信乐彼成文化咨询有限公司以 81.18 亿元的总价竞得杨浦滨江 N090603 单元 N3－01、N4－02、N5－02、N6－01 地块。出让文件显示，该地块的办公定位为企业总部型办公楼，项目将打造具有全球影响力的在线新经济生态园和国际领先的在线新经济产业集聚群。原"上海滨江创意产业园"主体所在的 N3－01 地块在 2020 年相关控规调整前后，均为商业商办（C2C8）用地性质，容积率则在调整中翻倍。曾经的创意产业园及其历史将在新的建序历程中彻底地被抹去，耸立起 150 米的高楼。

　　每一段生命时空的轮回，在旧的生命逐渐逝去，在新的生命将被赋予，都会有这样一段等待的时光，或三五年，或更漫长的几十年。它该是虚待的光阴，还是更富有社会温度的某种过渡性的使用？建筑师曾言"请给我们二十、三十年的时间"。低廉租金下的临时性使用，虽然营造了自下而上的别样活力，但由于对此类更新的萌芽的规划管控或引导的讨论还相当匮乏，尚属灰色地带，戛然而止的命运令人惋惜。新的生命要来临了，而且是年轻的 B 站，想象着这幅土地上冒出来那些巨大可爱的二次元场景的时候，也许了解这段生命时空故事的人会有些怅然。

第六章　空间思辨与情境构建

2019 年城市空间艺术季主场地选址杨浦滨江南段，以"相遇"为主题。期间市民自拍打卡络绎不绝，长枪短炮架满"绿之丘"空中挑台，人们对二维码、设计信息的关注超过了实在的空间与物……他们并没有真正与他人相遇，这一观察印证了 Augé 所说的"人们共存或同居，而不共同生活的地方"[1]。

曾经的过往怎样才能真正与日常生活共融而内化于未来场所？如何避免借助被浅读和符号化的历史信息制造某种视觉消费？如何避免这是一种"景象生产"？

都市漫游者，迷失与冒险，他们被直觉牵引。而都市创生者，如果他们没有俯下身，以朴素的心看待空间设计，他们将陷入景象的同谋。在经典的场所精神理论中，"场所感"来自于人对空间的触摸、度量、认同与依恋，而景象空间的生产消解了这一交互过程，人通过凝视景象、参与景象生产来接收"呈现"的世界。

鼓励从空间呈现到迷失寻觅，从序列空间到偶发移动，让每个人在城市中构建自己的游戏法则并乐于迷失和失去目的地，以保有对"历史"的玩味参与，在固化的景象叙事外提供个体认知和想象空间，创造等待人们"可能的聚会地"。

鼓励漂移和迷失的空间

我们大部分人小时候都玩过迷宫的游戏，多半在公园里，绿色植物篱笆的矮墙分隔出曲折的路径，每一个分岔点考验着孩子们的直觉，向左还是向右，决定了碰壁还是幸运地走向下一个分岔口。但无论怎样，迷宫的好玩就在于有一点点孩子能承受的冒险，脱离监护的视线，短暂的迷失。在秩序井然的大都市，废墟就像小时候的迷宫，没有导视，路径不明，植被和构筑物的重重遮蔽，废墟中事物时空信息的模糊和复杂，没有确凿答案的历史情境想象，这一切都令废墟中的漫游者经历曲折而丰富。但是生活在当地的人们，和生活在"地图的符号世界"中的规划者常常持有截然不同的观点。基于认知理论的规划设计，据路径、节点等要素，快速地形成一种对空间的整体印象，并由此识别和掌握空间"整体图像性"。而漂移和心理地理学虽然要求认知城市和积累空间经验，但并没有导航和定位的倾向，相反迷失中的探索者需要调动所有感官去寻找出路，获得复杂的情绪和细腻的体验，这一发现城市秘密的经验"积累"根本上是为了人们能更好地游戏和创造。一个明显的反差，体现在杨浦滨江废墟"被看见"前后。此前，在荒野小径的尽头是隐约的光亮，这是一座需要经过探索才能抵达的未知场域。而此后，以废景姿态向公众开放的废弃厂房，在周边茂密的植被被清除后，种植了一马平川的景观草甸还列植以规则的树阵。这一通过植被种类、色彩等营造废弃景观"野趣"，"以原生植物和原有地貌为特征的原生景观体验带"[2]在真实世界中失去了值得被探索、寻觅的魅力，原本充满迷失可能性的场地变得简单易读。

在围绕杨浦滨江南段尚未改造开放前的空间记忆交流时，探索者表示"（之前废弃时）去的杨浦滨江废墟，工厂里面基本不剩什么东西……当时主要就是码头瞎走瞎转，进到厂里爬上爬下有意思……现在的照片看起来外面有点违和，然后厂房这么看起来吧就挺普通的"，"它体量并没有特别的大，并且是单独的一个孤立开放场景，所以反而缺失了一些神秘感"。

左　杨浦滨江南段废弃阶段野径（访谈对象提供）；
右　开放后一览无余的废弃厂房

在景象社会中，无需人们主动发现的"呈现"也是使人们放弃具身感知、沦为观众的原因。针对废弃景观，因其潜在的历史价值和纪念性，规划设计师常常刻意去展陈、突显其中的事物。无论是遗存物的呈现还是历史信息、设计信息的呈现，这样的"景观呈现"做法日渐风行于当今的建筑与景观设计，在有着丰富历史信息的废弃景观改造（工业再生景观）中尤为堪忧。也许，规划设计师应该相信，人们可以从被动"喂食"转向主动"觅食"，去直接地摸索、猜测甚至质疑空间，来完成认知和掌握。引导和定位对于公共空间而言是必要的，尤其在考虑全龄人群时，老人、孩童常常在醒目的信息导览下也可能错失了解场地历史信息的机会，针对设计理念他们需要浅显易懂的文字阐明。但是在以废墟或工业遗迹为母题的公共空间中，某些特定区位的场地也许不必便捷高效，以允许或帮助人们放慢心情，享受闲暇与迷失；克制对设计逻辑和抽象概念的追求，以及一些标志物、视线通廊的设计，以允许空间隐藏自身，而这隐藏的手段，往往体现了最本真的对历史和自然痕迹尊重的态度。

边园即是这样一个"废墟建筑"案例。边园的本体是一堵混凝土墙，残败至今，荒野似的树丛与长墙相依存，成为了废墟——一种在近年来城市更新逐步精致化的上海逐渐消失的风景，而墙原本挡煤的功能也不复存在，"回归作为墙体这个物的本身，它存在的意义被暂时'悬置'了起来，需要被再度'精确化。'"建筑师将混凝土墙作为具有地基意义的、继续建造的基础，不做粉饰，将坡道、长廊、亭子附着其上，使得墙再度发挥出一个结构物的结构性能量，同时也成为新的整体的一部分——或者说新的整体就是由它生发决定的——分隔着空间，提供着尺度，成为超越以往技术性作用的社会性显现——一种废墟在当下中国可能的意义。

在边园，观景方向是不确定的，长廊如绘画长卷般展开，西侧端头是立在墙上三面出挑的亭，大部分时候，人们需要在移动中观察到这座大都会不同时代的"证物"——热电厂的烟囱、龙门吊、消浪块、近处的旱冰场、江对岸的高层建筑、杨浦大桥等等。而通道前后的两处端口加上旧墙上敲出的洞门、两部联系上下的阶梯以及缓行的坡道提供了多样的移动选择。因而，边园没有固定的形象，其所创造的"观看"

也没有景象的高潮，人们只是在移动中，接近这混凝土墙创生的新的整体，接近黄浦江畔丰富的历史层积。

边园[3]

新巴比伦构想

　　凯文·林奇的城市意象作为城市设计实践长期以来的重要理论依据，把道路、边界、区域、节点、地标五要素作为提取城市形态"整体图像性"的感知依附。"一个可读的城市，它的街区、标志物或是道路，应该容易认明，进而组成一个完整的形态"，因为我们可以从整体上把握一座城市，无论她的景象多么普通，都可能在我们的内心产生一种温暖与眷恋。这是一种群体意象，或者也可称之为公众意象。但是很显然，对于不同的人群"每一个个体的意象都有与众不同之处"，惊喜必须基于一个整体的框架，迷惑的是可见整体的一小部分。在目前普遍的城市空间体验中，迷失是一种跳脱的非日常状态。通过创造这种非日常的瞬间，意识到"已经失去的生活方式或曾经习惯性忽略的周边变化"，"平日里充满规则和逻辑的城市空间和生活"等，形成人与空间的张力和对话——日常生活的庸常才可能被打断。在整体都市主义"新巴比伦"构想草图中，内部网络迷宫状的空间、外部层叠连绵的平台和交给地面或天空的功能性交通，都指向了鼓励漂移和迷失的空间，这令人联想到杨浦滨江南段由烟草公司废弃机修仓库改造而来的"绿之丘"。

绿之丘，这处原本因道路规划面临拆除的建筑因建筑师的努力而得以保留。建筑师打开孤立的建筑体，切削出平台，暴露框架结构并置入三组竖向交通，意图使之成为"漫游"之丘。[4] 引用建筑师周榕的评论，从一个角度来看，场地中的"放任徘徊"是"绿之丘"的真意所在。人们来此漫无目的地徘徊——从这边走到那边，爬上去又爬下来，从功利的视角看纯属"浪费生命"，但恰恰在浪费的过程中，我们感觉到了生命的某种无聊和美好，或者无聊的美好。体现了超越认知公共性的"精神公共性"，市民在此能被唤起的引以为傲的城市荣耀感。但从另一个角度，"对绿之丘的一个精确描述——'教科书级的城市更新范例'。这既是夸赞，又是某种意义上的反讽"。教科书即是学院派体系中附加了一套解释系统的严密逻辑与秩序，这表现在"绿之丘"明显有经营秩序感的体量关系、明确的流线限定、过于强调"丘陵"概念的整体叙事等方面。[5] 承载临时展览的内向的盒子空间被置入匀质的空间网络中，层层叠叠的退台中心皆由植物占据——并非是每个小空间在吸引和延续人们的步伐。事实上，人们普遍地将"观景"对象明确的空中挑台，以及适合打卡拍照的中心螺旋

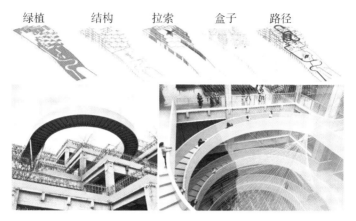

上　"绿之丘"的逻辑与秩序[6]；左下　"绿之丘"空中挑台；右下　"绿之丘"螺旋楼梯

艺术展最佳拍摄位置（左），建筑师们合影（右）[7]

楼梯作为目的地。

在更广阔的场地景观设计中，设计师亦纳入了"漫游"和"游离"的理念，表达了对人们在步行过程中偶发的、生成性的景观感知和活动的期望。"漫游"路径实施为三道（步道、跑道、骑行道）的贯通和断点的解决[8]，"游离"则是指新介入场地的小品元素在依托历史环境的同时又可区别和超脱于原有遗存。[9] 在关于步行方法的景观感知研究中，"充满了万花筒式的思想、经验和感觉的交织，特征不断变化"[10] 的步行并不是无条件的。重新翻阅整体都市主义的新巴比伦构想，以及现实世界中上海漂移"个体情景""移动"的纪实描述，会发现促使人们漂移的除了网络状、迷宫般的总体空间，还需散落着有情感意味的空间单元，或者说有着"可引起个人经验和记忆投射"的事物的空间，让人们在前往"目的地"的过程中为之调转方向，进入到漂移、漫游的状态之中。

在这些使人调转方向的空间中，人们参与建构的，是偶发的、意外的、不可复制的"瞬间"，以此来反抗同质化景象，反抗以消费商品为目的、被人为制造出来的闲暇时间。空间除了作为人与抽象的历史、概念或图像化的风景间的中介之外，还作为人与人之间的中介。而在被作为"目的地"的空间中，节点、景点串联的设计，本质上是"序列时空"或"场景编排"式的，在预设的一幕幕可复制的场景中，不同性格、生活经验的人们不知觉地进入到预设的身份中，拍摄或被拍摄，这些模仿和扮演的"瞬间"以可预见的照片通过社交网络平台传播，"自发"地为空间宣传。相较于覆盖建筑表面的广告、霓虹灯，这种景象手段更加内敛和隐蔽，极有可能令空间充当抽象化经验、复制伪个性化经验的工具。正如德波所言，景象生产是现代社会的一种统治手段，而当今，这种统治已从使众人"静观表演"——凝视景象，演化为"控制剧本"——令众人参与景象生产。

此外，在"情境"与"景象"对立的背后，德波将静观（contemplate）与行动（act）两种行为方式对立起来，认为景象之所以能控制人们，即是用炫目的视觉形式取得人的认同并使之成为被动的观众，从此无需参与和对话、思想和行动。[11] 虽然距离和静观在西方哲学传统中常是沉思、思考的前提，但马克思在《经济学哲学手稿》中认为，人类最为重要的"类本质"是"自由自觉的活动"，不仅仅是通过向内的沉思，而是向外感受那个我们置身其中的世界，那个外在于我们思想的世界。漂移纪实中所呈现的，探索者在不断的移动时伴随着不连贯的、逻辑不完整的、蒙太奇般的感知与想象，用一段与空间环境的对话打断另一段，这亦是更为完整的多元叙事涌现的前提。

但是，行走、移动就等同于行动、参与吗？在张宇星主导的"废墟建筑学"实践——深圳沙井废弃电厂的改造中，置入了五条以上的各种路径：终端路、环游路、分岔路……意图塑造迷宫般的体验，将普通的观看转化为探索发现；同时提出用古典园林模式打造游览路径，让原本普通的废弃建筑通过特殊的观看方式，变成景观。[12] 这里需要警惕的是，园林中"步移景异"是精心控制下的产物，观看的方式和对象被预先限定，这种行走不一定是具有主体创造性和行动式的。

废弃建筑的空间单元需真正容纳偶发的、生成性的、交往性的氛围和游戏建构；空间网络中遍布的"通过性"空间，需预示着可能性和未知；没有了景框和对景，人们开始迷失、张望，开始跳脱空间序列、进入偶发移动，开始进入向"地域的诱惑和邂逅者"[13] 敞开的漂移、漫游。

作为历史叙事的他者

在漂移纪实的"多元叙事"中，探索者"心理数据库"里的百十处废弃景观，通过联想、经验的启示联结在一起，形成了一种跨越地理和时间相联系的总体认知。针对杨浦滨江南段废弃景观，探索者通过心理地理地图讲述了"上海废弃工业遗存改造的开端与曲折"，"涂鸦'女孩'在城市废弃景观中的流浪故事"。相对于城市空间艺术季"以规划建筑案例叙事"[14] 解读滨水改造取向和变迁动态、呈现上海"一江一河"的滨水故事，这些叙事提供了有别于主流历史叙事的视角。

作为城市后工业阶段伴生物的废弃景观，在向公共空间演进的过程中，密集的废弃基础设施如防汛墙、塔吊、轨道、货栈等转变为游憩、步行系统中的景观小品、家具、连廊等纪念性的标志物。杨浦滨江南段的规划设计对遗留物给予充分重视——规划设计师克服重重阻力，保留场地特征元素和特征物，并通过历史原型的演绎，置入新元素，避免了无历史关照的模式化滨水景观。[15] 但是在一位曾在码头工作过的老工人眼里："以载在（棉纺厂码头）灯塔基础上放了个二维码侬可以去扫扫看看，不过太简单了，看伐出灯塔是哪样子照顾码头作业呃……"对于并未身处于那个年代的我们，无法想象灯塔下的繁忙作业的情境和热血昂扬的情绪，但老工人的一席话透露出一些失落，他所怀念的可能既不是泛国际化工业风中精致冷冽的"粗犷"所能传递的，也不是通过简单扫描保留的灯塔基座上的二维码能体会的。

在杨浦滨江南段，二维码遍布于厂房遗迹、艺术装置、景观小品的各个角落，在人们扫码后出现历史照片、简介或是设计灵感说明，以告知人们无法从具身的空间中感知的信息。二维码、信息以及视觉图像和符号、标签争夺着人们的注意力，而实在的空间中人们可能错过了相遇与互动。规划设计师在设计说明中强调了"记忆空间化和物质化"[16] 的理念，但实际上，这里的"记忆"可能很难与具体的人相系，经验投射多来自于与物相关的、"博物馆式"先入为主的历史阐释。早在 20 世纪 50 年代，遗产阐释（Heritage interpretation）理论就提出将遗产价值与主观体验相联系，而无选择性、无偏见的客观历史阐释本质上并不存在，遗产只有通过阐释才能让大众了解其价值，从而建立起集体想象和地域认同。[17] 然而，工业遗存的"遗产化"过程，本质上是少数人的价值观输出成为多数人的价值观，最终受法定保护机构价值观认同的过程；甚至随着 80 年代价值观转变，遗产被看作是城市更新的催化剂而非绊脚石，其历史价值和土地经济价值挂钩，推动遗产的"商品化"趋势。[18] 这一情境下，虽然"尊重历史遗存"的最初意图是与"拒斥历史"的景象相抗衡的，可一旦人们接受主流历史叙事的事实而无须思考个人的"在场"，便落入了景象的圈套，即"对如何理解的不过问，以及对什么将要发生的无知"[19]。当人们在历史遗存、艺术品的介绍牌前驻足的时间相较于在其本身的停留更久、甚至直接略过它们时，它们传达的符号意义便取代了真实存在的物，作为"符号构成的价值系统"的景象便占有了这一空间。

另一个观察来自于杨浦滨江的"锈色"。杨浦滨江南段

"从工业锈带到生活秀带"的叙事和物质空间的更新改造，建立在全球对工业再生景观的浪潮中。这一方面，使得它能通过空间整饬和媒体宣传快速地在上海滨江地带标示其差异性身份，从而获得竞争力成功地推动区域土地价值的培育。而另一方面，又潜在一种风险，即在从图像到图像的传播和挪用中机械性地固化了地域性景观的想象，沦为同质化景观的平庸呈现。此时，与废弃景观互为他者的是遥远的全球工业再生景观实践的镜像。

由废弃冶炼厂改造的德国鲁尔区北杜伊斯堡景观公园、由废弃铁路改造的美国纽约高线公园是后工业遗存规划设计改造的先驱。而与它们不同的是，杨浦滨江南段沿岸虽工厂林立、涉业甚广，但曾经的绝大部分废弃建筑构筑用材是砖石、水泥、混凝土等，显著形象印记的锈色在杨浦滨江并不多见。但从最初示范段的工业之舟座椅、导视牌、雕塑小品等锈色设施，到媒介中图像、话语不断放大和强化的"工业锈带"叙事，直至上海艺术季开放段落的景观、建筑改造中，锈色元素大量被运用，"表面做旧"的钢板材料和混凝土的偏好伴随"从工业锈带到生活秀带"的理念弥散开来，一种泛国际化的工业景象完成了它的完整表达与呈现。此外类似的，杨浦滨江南段曾丛生的植被既非粉黛乱子草，也并非狼尾草等常运用于工业景观的工业感观赏草。在这个过程中，景象通过规划设计师"构想的"空间[20]，由象征元素的呈现、符号意义的传达来作用于公众"认知的"空间，而"实在的"空间则是被动地承载和强化这种本不存在的形象印记，最终逐渐地固化原本多义的城市叙事。

上　杨浦滨江锈色设施（来源：网络）；
下　上海后工业生态景观公园锈色设施（来源：网络）

左　皂梦空间锈色元素（来源：作者自摄）；
右　废弃时期鸟瞰（来源：集良建筑）

　　当下，大部分规划设计师并不回避"景象叙事""网红打卡""符号象征"，认为可以在洞悉消费时代空间生产的前提下，把控批判性的立场和方法，清醒地参与"造景"[21]；也乐

左上，左中　杨浦滨江狼尾草；右上　首纲狼尾草（来源：网络）；
下　废弃阶段杨浦滨江码头、厂区植被（来源：访谈对象提供）

见实体空间在虚拟网络中被传播和讨论，认为这亦是公共性的一种体现。[22] 然而"尊重废墟"如果脱离了直观感知与私人的意识、情境构建，无论是"修复"还是"墟化"[23]，都会是一种无关身体的技术操作和抽象的价值判断。即便是着眼于野趣植被、斑驳墙面等物质的留存或演绎、再造，意义也仅限于废墟审美价值的输出，相应地它们可能会成为一种美学意味的图像而被消费。

　　对工业遗存的价值肯定和对废弃阶段的尊重，不意味着局限于冷峻、锈迹斑驳的视觉印象和叙述视角。探索，进而迷失，能帮助人获得不寻常的叙事视角——"我们未终结的冒险就像迷失的儿童"，按照自己游戏时的情形将完全不同的材料置入到一种往往使人愕然的全新组合里，由此，孩子们创建了他们自己的物的世界，一个大世界中的小世界。在废弃景观探索，是为了创造自己的"小世界"，迫使自己用一种儿童的视角，甚至是因矮身猫腰、侧身通过缝隙、垫脚行走边缘的缘故而用一种猫、狗的视角。此外，废弃景观承载着一种宝贵的时空错位和想象自由，依靠漂移和易轨，诠释具身经验的、多元的语境使得城市自由地被叙述：使人恐惧又沉迷的克苏鲁神话、人类消失后植物入侵的世界，与杜月笙、"站在江上船头的程蝶衣"有关的时代情境等等。构建新的情境并展开空间解读，以城市废景作为"他者空间（other space）"或"异托邦（heterotopia）"[24]，使人们能够通过非典型的轨迹来感知城市流淌的岁月。[25]

　　个体情境的构建有赖于个人的经验、记忆。记忆不能给我们过去曾是的那种东西本身，如果那样的话，记忆将变成地狱；相反，记忆把可能性归还给过去。[26] 而规划设计师能做的，是提供人们自我组织叙事的可能性，让每个个体成为鲜活的主体——人与真实存在的物共同"在场"。如同原肥皂厂地块以南的滨水公共空间部分，建筑师有感于探秘废弃厂房[27]，将探索者的经历作为他者借鉴，努力地突破了时间、空间量化式的主流历史叙事的价值标准，去探讨遗存建筑或构筑物的留存取舍。

从废弃肥皂厂到皂梦空间（来源：集良建筑）

从景象中介到相遇

　　由于废弃景观本身是"基本结束了资本主义利用阶段"的地点，天然地在鼓励人们想象"如果这些空间不是以资本驱动为基础，那么它会是什么样子"。在废景演进中的杨浦滨江空间中，曾经冒出来各种各样有趣的非正式使用。在通往滨江的断头路上，有围着一盏路灯和便携音响就能聚集起来跳交谊舞的阿姨和她们的观众——自己搬凳子坐着欣赏的爷叔。在部分未严格封闭的场地中，人们利用废弃设施休闲运动，除了散步、观景、跑步以外，还有钓鱼、打球等活动，甚至任人挪移的废弃构筑物让滑板少年们可以组装、改变场地以适应新的需要。相对于纳入城市总体秩序下的正式使用空间，废弃景观没有了正式的功能定义、明晰的体验路径，但却激发了不再"时时处处被服务"的人们创造性地生活和交往，体验野生的自然。

　　当废弃景观演进为公共空间、公共建筑并重获公共性时，对它的"介入"应该如何展开？如何保持与人的情境互动关系，才不至使其失落于表面化、符号化的景象？在杨浦滨江南段的场地设计中，作为留白舞台的高桩码头是设计师构想的"看台与舞台"[28]，"设计整体采用了低干预和留白的处理，将原高桩码头作为日常生活的发生地、城市活动的事件场，鼓励多元的城市公共生活"，期望舞台上能出现自下而上、自由生发、不期而遇的"景"，期望人们能经观看而被触发，进而建构偶发的情境瞬间。事实上，在这个狭长的功能含糊的空间中，确实发生过涂鸦喷绘艺术、非正式影音作品录制、地方摊贩、居民张贴过往故事等各种活动，只要允许或默许一些场所以不同的方式被使用、照顾和记忆，就自然会有"小世界"的萌芽。然而，现实中设计师设想中的音乐派对、社区电影日等活动由于杨浦滨江严苛的管理很难自由地发生，甚至设计师喜闻乐见的轮滑滑板运动、唱歌跳舞文艺活动也被禁止。在杨浦滨江南段，间隔三四百米的距离就有一两位保安，保安身旁就摆放着各项禁止活动的告示牌。相比之下，徐汇滨江因为管理的"松弛"生活气息浓厚了许多，保安散漫游走着，融合在人群里，还时不时蹲下来和江边四处溜达的汪星人们打招呼。

景象、空间的视觉消费趋势促使人们将空间定义为单一的打卡"目的地"，这同时成为了大部分人对空间的需求——但空间及其管理也并不提供或鼓励多元选择，给人们真正对话、相遇的机会。现代景象描绘了社会可以提供的东西，但在这样做的时候，它把可能的东西和允许的东西分开了。[29] 普通公众即时即刻的空间定义需要获准或允许，恰恰在"绿之丘"远离滨江一侧、相对疏于管理的建筑底层中出现了自治团体和路人一起"低成本互助制音"，举行临时的"音乐会"。滨江附近地铁口的小平台也有老居民挤着跳广场舞。滨江"人民城市人民建，人民城市为人民"和"城市的野生"广场上，只要让人们对随机的、未经筛选的活动进行选择，才可能让他们找到自己也不知道正在寻找的东西。[30] 默许人们因意料之外的情境调转方向并进入漂移的状态，给人们真正对话、相遇的机会。

在景象社会中，"不参与和非对话性"是景象实施控制的重要策略。假如不对"意图吸引人们时时刻刻注意"的网红景象打造有所克制，当滨江腹地原住民渐渐迁出后，将逐渐失去以原住民、以原废弃景观、以含有个人经验的具体空间为中介的关系培育方式，图像、二维码历史信息式的"建筑可阅读"将培育实体空间中相互间分离和区隔的空间消费者，社交平台上相互独立的原子化个体。而演进中或已重生的废弃景观作为"可能的聚会地（possible rendezvous）"——"没有通常聚会地等待或被等待的负担，他们由漂移引向自己或许知道、或许不知道的地点，他们在此探索，更重要的是迷失，仔细地观察环境，受鼓励与各种各样偶然遇见的过路人对话"[31]，并由此孕育了人与人之间丰富的弱关系（weak ties）。这种联系较弱的人际交往纽带，被证实在社会结构中发挥着创造社会流动机会、提升社会凝聚力的作用[32]，也起到了消解符号与视觉控制的作用，使得人们相互间能真正参与到探索伙伴的空间认知、生活日常中去，甚至发展为强关系的人际网络，而不只是朋友圈中的过客。

　　不妨重新检视佛跳墙，在豆瓣小组这样的社交网络中，虚拟社群（virtual community）也是以弱关系为基础的存在，它与以"地方"为基础的实质社群都是创造和维系社会关系的多种选择之一，是一个已经具有独特"实在"的社会场域。[33]在小组整体氛围的引导下——"小组从来不是分享摄影作品的平台，而是对'废墟文化'讨论的空间。对影像的阐释远比影像本身重要，发布图片时请添加适量文字"，人们并不能以发布废墟情绪摄影、自我展示或单纯引人震惊的图像获得认同。探索者延续了漂移"放弃通常的身份关系"的特质（即便是网络平台，个人的身份往往会通过自拍照片等获得强调），形成了不依赖于职业属性、血缘关系、办公或居住地点的社群，而其发展也可能使地位、阶层、贫富背景相异的、无血缘关系的人之间建立非寻常的强关系，比如长期共同探索的团体关系。此外，不同探索者对同一废弃景观的照片关注点、风格、解读也大有不同，在小组平台上引发交流讨论，并鼓励获知他人的空间经验。如文化地理学家 Pinder 所言，偶然的相遇和不可思议的共鸣可以打破主流的观察方式，并有可能揭示出埋藏于常规事物中的奇妙之处。[34] 探索者们虽未谋面，但因废弃景观的中介在小组平台讨论探索经历，在讨论中发现如"喷绘的故事""两废弃景观间的关联"等等，也引发更多探索者找寻线索、前往废弃景观。这显著地区别于当下微博、小红书平台上关于网红景点和人像摄影为主的滨江"打卡推荐"。景象、空间的视觉消费趋势促使人们将空间定义为单一的打卡"目的地"，空间沦为大同小异的布景，实在的场所意义却被抽离。

　　今天，人们对自我的认同和塑造极大地依赖于图像意义的呈现，而发达的信息技术与大众媒介，则让人们得以轻易地分享、消费以及挪用他人的风景。在景象社会中生存，一个人的社会关系会逐渐地退化为一种商品化的身份标签——人的多样性被转化为同一的可消费的形象，个人的独特感受和联想被转化为一种可交换的抽象等价物。[35] 都市废墟中的漫游者与创生者，从景象向切身空间的关注转变，关注浪漫主义或是猎奇的视觉图像以外的事物和意义，关注在这些过程中相遇的人，深度参与进它所中介的社会关系，才能获得更为丰富的感知和体验。

艺术节事、日常生活与情境构建

　　"城市空间的事件化"[36]已成为城市运营、激活空间生产的重要策略，空间由于事件被体验与消费。[37]自 2010 年上海世博会到历届城市空间艺术季，重大事件与艺术节事促进了浦江两岸的废景演进。世博会是事件化策略一个极化的放大，引发了附着于历史文化符号的建筑与表演场的物质建造和"网上世博会"等网络媒介承载的象征空间。[38]上海城市空间艺术季自 2015 年第一届以"城市更新"为主题，到第二届"连接"和第三届"相遇"，展出场地和内容由室内的案例和艺术品，扩展到开放空间规划设计以及其中的公共艺术和活动，展出所面向的受众由专业人士到普通民众，郑时龄院士提出，艺术季正走向一场总体艺术的实验。19 世纪中叶，瓦格纳（Richard Wagner）的"总体艺术作品（Gesamtkunstwerk/Total work of Art）"拒绝通常分离和突显于环境中的艺术，意图联合诗歌、舞蹈、美术、表演等各种艺术派别，影响了 20 世纪乃至今日。总体艺术试图统一艺术与生活的主张，"统一"不单单是艺术美感的应用，而是从生活、环境、政策上能整体地进行新形式的创造。换言之，艺术实践和现代城市规划不能分离。

　　作为城市后工业阶段伴生物的浦江两岸废景，正在为公共艺术由独立的雕塑形式转向利用更多元的媒介和连结更广阔的环境提供土壤。密集的废弃基础设施如防汛墙、塔吊、轨道、货栈等，转变为游憩系统、步行系统等公共空间系统中的建筑小品、公共空间家具、空中连廊等文化或景观基础设施，也同时要求其支持纪念、审美意义之外的城市生活。

2019 年城市空间艺术季以"相遇"为主题，意指"人与人的相遇、水与岸的相遇、艺术与城市空间的相遇、历史与未来的相遇"。杨浦滨江南段在大型展览和演出之下，组织了市民参与创作码头艺术地景、乐高墙画的活动，将在公共空间通常被认为乱涂乱画、违章搭建的画图、拼搭游戏纳入到公共空间的场所塑造中，以及在杨树浦路沿线及其以北、配合着滨江废景改造时序而拆迁的腹地居民区，出现了"众包式"的、任何人都可发起和参与的活动，如不作为城市名片、意在让人们在穿梭中"耳听六路、眼观八方"的巷弄马拉松，在正被拆除的区域拣拾素材、拼贴个人叙事，针对巷弄电线杆的警示装置创造活动等，让人们发现、定义场域和介入空间。

艺术季官方组织活动（来源：网络）

腹地居民众包活动（来源：网络）

　　基于人们对事件下"生活""实践""公共空间""更新"的关注，可以看出事件化策略向日常、微观变化的趋势。但这也依然可以是景象借由"生活图景"向日常生活的渗透，以实现永不落幕的"节事"和持续的"意义"。为了实现城市营销，城市空间持续被事件激活或策划、编排（Programmed），以此不断获取"意义"和曝光。[39] 但这些"意义"，既不同于场所对人本关怀的强调，又可能因大型公共节事的强势遮蔽个体或非正式活动的表达。如同因广告图像刺激带来商品消费，节事刺激人们的空间消费；地方空间包含着延续的地脉、文脉关系的地理含义被弱化（转移或集中到某处展馆或舞台），节事不断在其历史角色上叠加意象，以保证持续地吸引"流动空间"的注意力——在这里可简化为网络流量和曝光率——再进而转化成现实空间的人流量。这便如德波所预言的，"这个时代基本上将自己的时间自我展示为各种节日活动的匆忙回归，那么实际上它也是一个没有节日的时代"[40]。

那么可抵御景象社会的，是怎样的节日和事件？列斐伏尔在《日常生活批判》中写道，乡下的节庆传统"拉紧了社会纽带，同时放任一切被集体原则和工作的必要性所压抑的渴望"。节日表现了"酒神节之日……正是因为日常生活慢慢积累起来的力量的突然爆发，它才变得与日常生活不同"[41]。德波曾指出，景象是资本试图将其意志强加于所有人、事之上的"史诗"，而不断发生的、多元的节事被认为是抵御景象社会、收复城市现实的必要组成，情境构建及其创造的不可复制的"瞬间"与节日、事件密不可分。"节日"或者说"瞬间"是以一种临时性和玩乐式的规范颠覆原有的、固化的秩序，是对被景象遮蔽的人的真实需求的释放。譬如：占领街道等规则化、被汽车掌控的空间，以涂鸦等主张"自由联想"的表现主义艺术激发讨论等等；或是通过自主地构建和选择多样化的游戏规则，创造在具体空间漂移时所触及的此时此地、所见所闻和对空间介入的瞬间，即"使空间重新臣服于活生生的时间"[42]，通过琐碎但真切的情境，实现有别于单纯视觉上的"震惊"或其他丰富激烈的感受，以及对景象所呈现的"史诗"的颠覆。一方面，这指向传统意义上的场所（place）营造，即对人性尺度场地上生成性的活动的强调；另一方面，指向各个鲜活的主体所抢夺的场域（field）的定义。[43]

"把艺术还给人民，把人民还给艺术"，就像曾经围绕滨江腹地定海桥社区的互助组织所做的共治计划与大型社剧。艺术节事，立足于具体的时空，指向场所和场域的生成性活动和空间自治。相对于生产一种美学趣味导向下的"生活图景"或是一种文化正当性下的"历史图景"的节事，既要凸显出此时此地和日常被规训的社会生活的断裂，又要将节日的内在情感强度和对秩序的颠覆力量带回到现代生活中。作为上海城市更新先锋的公共艺术，更应作为废弃景观在重新投入使用时的催化剂和欢迎大家采取行动的邀请函，促使总体艺术从空间意向上的总体，走向总体上富有艺术人文色彩的城市生活、环境和政策。

第七章　废墟之镜

当上海越来越多的地方变成观光地，新的地点和活动还在继续被发掘。各种饮品店门口的长队，各种小玩意的店，吃的喝的玩的，书店日渐稀有，即使有，也是和生活方式的宣扬联系在一起。

大都市的精神生活，以齐美尔的观点……在一个由各种事物和力量构成的、巨大的、势不可挡的组织面前，我们完全成了一个齿轮，这个组织逐渐从我们手中拿走了与进步、精神性和价值有关的一切。令人恐惧、美丑混杂、壮丽奢华肆意蔓延的大都市，我们在其中感受着"心灵的抒情颤动、梦幻的起伏波动、意识的突然跳跃"并深深为之迷恋。然而现代性的速朽、易逝与新奇却给我们带来无根与茫然。

在都市中漂移，去发现散落于街巷的碎片，或是介入一段被遗忘的时空，这是一种有别于宏大叙事的个体情境建构，是把"特定的空间、道路、结构和物质遗迹从城市内部的混沌的统一性中分离出来，并把它们变成独立存在"的收藏者的态度。那些存留于社群空间中的探索足迹为那些被忽视的空间赋予了生命的意义。

在呼啸前行的大都市中，触摸到时间，度量着空间，体味到残酷的时空法则，从大都市赐予的"厌倦与麻木"中醒来。

"内"与"间隙"

　　置身于这个时代的这个舞台，仅仅经过一代人的工夫，人类的六分之一就从完全的封建落后状况转变为现代、发达却又令人满怀忧惧的状况……资本主义经历了 200 年的上升趋势，如今看来，只是让社会成为某种工业机器的一种方式……在欠发达世界，到处都能看到古老的生活方式被摧毁，朦朦胧胧的期待化作了迫不及待的要求。[44]

　　1990—2020 年，上海近二分之一的城市空间改弦更张。如果以人类正式的、功能性的活动退出作为废墟空间的界定，据不完全的统计，上海外环内大约有 1000 多处废墟，包含工业废墟、废弃花园、旧里以及旧村。它们都是城市中最普通、最日常也最容易受到摧毁的事物。上海市城市总体规划（2017—2035）中建设用地零增长，巨大的存量空间源自这些充满想象力的都市废墟——一个快速前行中的城市一路抛洒的时空碎片，它们既是经济理性下潜质巨大的空间资本，也是社会温度中一段重要的生命时空。

　　上海城市建设更新历程中，有两个极为重要的政策性时间节点——1990 年土地使用权有偿转让制度的确立和 2004 年上海历史文化风貌区的划定。

　　伴随土地使用权有偿转让制度推广和上海住房制度改革方案出台——"推行公积金，提租发补贴，配房买债券，买房给优惠，建立房委会"，社会资本得以迅速介入上海城市建设。1992 年，上海"365 棚改计划"开始实施，同时，上海第一条地铁线开始建设，内环高架、延安路高架和南北高架的建设也紧随其后。由此，旧区改造迎来了集中成片，综合配套建设的时期。[45] 这一方面使得上海高度密集、拥挤的建成空间团块迅速向外扩张，另一方面也将旧城改造推进到前所未有的速率，上海中心城区第一次大规模的城市更新正式启幕。[46]1990 年代后期，亚洲金融风暴曾给上海房地产市场带来一度的低迷。地方政府出台了一系列鼓励旧区改造的优惠政策，银行利率和贷款政策也较为宽松。旧区改造成本的降低给予了房地产企业更多介入旧区改造的机会。但也正由于资本趋利的天性，对旧区改造的街区选择并没有正常有序地进行，出现了"如拆除结构较好房屋的比例有所上升，拆除二级旧里弄以下危旧房的比例却呈下降趋势，动迁户不能及时回搬等"[47] 问题。

21 世纪初年，52 公顷的太平桥地区改造启动建设。涌动的资本热潮下，为寻找保护与开发利用的制衡，约制可能的大拆大建，2002 年 7 月，《上海市历史文化风貌区和优秀历史建筑保护条例》[48] 发布。在随后的两年中，针对划定的历史文化风貌区，上海编制了极为严格和详细的保护规划。这些规划的制定，在中心城区中清晰地区隔了"内"与"外"的界限。在此后十几年的快速发展中，上海中心城区九个历史文化风貌保护区核心区"内"的绝大部分街区得以保留，而"外"的空间，则不可避免地发生着剧烈变动。并且，"内"表现为相对较为完整的面状区域，而"外"则更形似于内与内之间的"间隙"。

想象一下这幅"内"与"间隙"的图景：

"内"，是今天依然带给我们美好感受的以衡复历史风貌区、愚园路历史风貌区等为代表的西区，它们是还在继续生活的本土上海，但终究也要面对"生存道德"或"文化道德"的抉择。一方面，风貌区比较严苛和僵化的保护制度一定程度上影响和限制了历史里弄街区的更新，故而有了在核心保护区角落里被遗忘的寂静。王安忆《考工记》中的结尾喻示着某种无奈的命运，"2000 年的时候，老宅成为了市级文物保护单位，却摇摇欲坠，维修无望……台风过去，云开日出，他手持一柄大扫帚，扫去落叶、泥沙、木屑子，扫去一层，下来一层，这宅子日夜在碎下来，碎成齑粉……老宅四面起了高楼，这片自建房迟迟没有动迁，形成一个盆地，老宅子则是盆地里的锅底。那堵防火墙歪斜了，随时可倾倒下来，就像一面巨大的白旗"[49]。想象中这个老宅也是一处废墟般存在的地点，等待无望的"际遇"，偶然也是必然。

　　另一方面，从南京西路历史文化风貌区中张园的更新中，我们又看到潜藏在中心城里弄街区内部的巨大生命力，但讽刺的是，尽管保护关注到了里弄街区的价值，但仅仅停留在风貌、保护的技术层面，依然无法回答其对于现实社会的意义。[50] 近日又去了张园，茂名北路的周末集市越来越出名了，街一侧的丰盛里还没到饭点就很热闹，之前的崭新和焦躁气息褪去了一些，颇有了一些扎根地方的意味。另一侧的张园虽然条条巷弄都敞开了，依然清冷倨傲，一色的重奢品牌在张园中的艺术展厅与南京西路的金三角遥相呼应。此前没见过张园的朋友，竟然认为相比张园的修旧如"新"，丰盛里还看着更历史感些。历史，被模糊了，但似乎对观者并无大碍，西区的历史早已是无数次在影像中、社群网络中被印证过的集体想象，它只需呈现。

而"间隙"中则是另一幅景象：崛起了许多类似翠湖天地、茂名公馆、华侨城苏河湾的高尚居住社区；同时，也生长出兴业太古汇、环茂和静安嘉里中心等为代表的超甲级写字楼、商业综合体，它们在传统的核心区延续或重塑着上海摩登的历史。曾经，低伏的中心城区中高层零星，"那时我老从我们家的屋顶那边串到这边来，就走过来，这些房子都是连在一起的，我喜欢一个人踩屋顶，比较舒服，有独行侠的感觉。那时候屋顶是很神奇的，像月球一样对我来说，真的。那时候也没有那么多高楼，所以一上屋顶我就觉得很开阔。屋顶这东西对大人来说不会跑到顶上乘凉，小孩上去没有人会说你，大人上去就不像话了。偶尔看烟火，我们也会爬到楼顶上看，人民广场上的烟火这里能看到，那时候没什么太大问题，现在估计有难度了。那时候就是这样"。遥远的高层作为城市的地标指示着方位，在上海大厦的楼顶可以远望到西区的梧桐树。这一处连绵的可以神游的屋顶是始建于1925年的"大中里"，它曾经是上海市内保存最完整、规模最大的石库门里弄之一。但是就因与张园分属风貌保护区内外一线之隔的命运，大中里被整体拆除了，变作了繁华的兴业太古汇。

此外，大量邻近历史文化风貌区的锈带地区显现出巨大的溢价空间，颇受资本青睐，上海曾经被工业化湮没的"一江一河"的空间结构日益清晰地凸显了出来。去看苏州河两岸，电影《八佰》中令人唏嘘不已的冰火两重天的景象依然，只不过北岸贫贱、南岸富贵的往昔似乎倒置了。苏州河北岸新旧辉映，一片生机涌动。南岸还显得陈旧破败些，大量里弄鳞次栉比地挨着，包括2015年就落下了百年里弄生活帷

幕的东斯文里，一直是一片寂静的废墟。2020 年东斯文里
重启规划，部分历史建筑会被保留并开发为类似新天地或张
园的时尚历史街区，而用于平衡资金强度补偿的两栋超高层
写字楼将成为南京西路最大的单体办公楼宇。大量的商业、
办公取代旧日生活，这是城市生产方式的必然更迭。至于近
十年中醒目剧变着的杨浦滨江工业带，锈色中透出秀色，折
射出上海中心城区再中心化，旧有发展的巨型工业区已从被
边缘化走向重新服务于创新中心的资本意志。杨浦滨江开放
空间作为绿色增长引擎，帮助人们从早先心理地理的边缘感
中跳脱出来，地产商收获了成功的空间运营，建筑师捕捉了
荒野与浪漫主义，渐渐隐没的唯有旧日定海桥社区居民的
声音。

昔日的大中里（来源：网络）

上海市历史文化风貌区的"内"与"间隙"

"内"与"间隙",只是一种结构性地理解与描述上海历史城区与历史性城市景观的逻辑。从空间范围来看,如果剔除浦东和徐家汇路-肇嘉浜路以南地区,上海历史城区和上海中央活动区高度重叠;从时间轴向来看,上海中心历史城区遗产空间的形成年代高度集中于 19 世纪末至 20 世纪前叶的五十年内,1990 年至今的三十多年上海城市建设经历了计划经济的尾声时期、狂热昂扬的快速建设时期以及向存量建设转变的过渡时期,呈现出多样的都市景观变迁特征。一切似乎合乎逻辑,又超越逻辑。今时俯瞰上海中央活动区,曾经的四马路——福州路,间杂于外滩历史文化风貌区与人民广场历史文化风貌区之间的段落,在"上海 2035"中将悉数更替为"商业服务与商务办公"功能。"间隙"中旧里地块的凋落连带着书店云集盛景的消逝,福州路二十年间百余家书报馆陆续撤离,近几年"明天特价书店""图书论斤卖"等小店随着拆迁预言的应验相继倒闭。倒是"还没开门就排队"的网红美食店在福州路上蓬勃发展起来,街道氛围有些变了。在《永不拓宽的上海马路》一书中,福州路的标题是"花开花落

中书香不散"，真的是书香不散吗？福州路向南是完全属于
"间隙"、自 2014 年起就开始逐步征收的金陵东路，临街的骑
楼建筑还保留着，但早已人去楼空。至于再向南的老城厢历
史文化风貌区，国家 5A 级旅游景区的豫园还夜夜璀璨，剩下
大部分已是围墙遮蔽悄无声息的区域，除了等待更新的空间，
还包括已成为门禁街坊豪奢的露香园。

　　由于黄浦区毛地[51] 遗留问题突出，一些地块的动迁和更
新踌躇十年有余，疫情后的征收从老城厢开始，沿着原租界
的棋盘路网延展开来，金陵东路、福州路、宁波路、北京东
路，一直到苏州河南岸，似乎要毕其功于一役，解决久积的
旧改问题。[52] 在最近的征收通知中，巨富长区域的高福里地块
开始征询，宁波路、牛庄路沿线地块、昆明路以南提篮桥地
区逐渐推进，北京东路、福州路沿路的地块已经基本完成征
收，老城厢东南片和新天地南侧、东侧少量地块正在收尾，
在未来的 1—2 年中，这些动迁将陆续完成，历史城区东侧的
居住功能将十去八九，正式转型为商业服务与商务办公功能
用地。

　　2021 年，上海成立了全国目前落地规模最大的城市更新
基金。800 亿的资金未来将全部投放到上海中心城区的旧区
改造和更新项目。这些区域在经过征收时期短暂的人声鼎沸
之后，会陷入一段时间的沉寂，好像最后的烟花燃尽，开始
在夜色深沉里等待黎明。城市的剧变所带来的对新生活的渴
望、巨大的社会流动与迁移、阵痛、等待、茫然，太多复杂
的情绪涌动在这座城市。

《上海市城市总体规划（2017—2035）》（以下简称 2035 规划）首次划定了"中央活动区"。其范围与上海 1949 年历史建成区重合度很高。在这个重叠的范围内，现行历史文化风貌区占到其总面积的 40％。在历史文化风貌区的间隙内外，城市景观和活力，呈现出明显的分异。并且按照 2035 规划的图景和当下正在发生的城市更新进程，这种差异正在固化与加深。

朵云轩、福州路和城市书店

书店和她的老地方

2020 年 12 月 11 日

……

时隔半年回校，本科时常去窝着的贝图设计书店已经不在，招牌下一株吊兰枯萎着，同彰武路做最后的道别。文庙书市也在年后搬至福佑路、藏于藏宝楼，转移到路边摊的部分，不时地接受整顿。更早的时候，复旦的鹿鸣书店数度搬迁，大一那会儿偶尔消夜的福州路大众书局搬走都六年了……自 14 年来到上海入学至今，许多书店虽然没有消失，但多已离开原先地点。

彰武路贝图设计书店租约到期（来源：网络）

曾经我们历数书店，脱口而出的常常是复旦的左岸、学人和鹿鸣、上音的元龙、华师大的大夏和新中，还有福州路的书城、思考乐和大众书局，文庙的鬼市书市，顺昌路的凤鸣，淮海路的一介和渡口，绍兴路的二楼书店们，陕西南路站的季风……更多时候我们讲起来，还要省去其间"的"，于是书店和它身处的空间环境自然而然被认作一体。

元龙音乐书店的新门面开在武康大楼，除去开业庆祝外，

曾经 24 小时书局的类似情形（来源：网络）

老店并没有带动新店。远离了以上海音乐学院为心的文化场域，新店要依托武康大楼这一文化地标重新培育读者群：老店作为学院教师和同学旧书流转的网络中心，无法随之转移；作为音乐专业领域前沿书籍引进的前哨站，也很难应和新读者群的需求。失去了这样的联结方式，书店很难、也不再适合和维持选书取向。专类书店、学术书店最是无法脱离曾经培育它们、它们也参与构建的文化场域而存在。相较元龙老店在街道封墙后以厨房为玄关、藏于社区内部、持续经营多年的状况，上海更多的是以往百花齐放的专类书店的消失，连同着读者群体的消解以及特定场域的逐渐消散。

鹿鸣书店现今搬到一幢写字楼的二楼，距离 2014 年时的院子不过两百米，未离开复旦，也没有改变文史哲导向的书籍选品；贝图设计书店原本在同济建院就有分店，彰武路店的书都运过去了，装潢风格也一般无二……但我依然不能迁

元龙音乐书店老店（来源：网络）

移对它们过去空间的情感。关于鹿鸣，每次绕过猗猗绿竹再见书店都会想起第一次带我来的人。进到院子里，廊下总摆开茶话会，室内可能也有茶话会或讲座，或是安静自习的学生们。桌椅腾挪，氛围流转，每每显示着人对空间的照料。而想起贝图，往年的这个时候，我就坐在门口皮面卷了边的复古椅上看书、发愣，老上海颇有设计感的玻璃杯镇着彰武路的一片枯叶，隔壁黄狗蜷起身子晒太阳，路上来往着捞辆单车紧赶慢赶上课的同学们，马路斜对过或可瞥得见露天理发摊……记忆、情境，一幕幕都附着在具体的空间上。更多的独立书店，随着城市更新、地租上涨不断搬迁，即使到了二楼、背弄、地下室，也始终不能安定下来。迁移的动荡对文化空间而言是一种无可避免的消耗，街道愈频繁地置换店铺，也愈难拥有性格。

曾经的上海专类书店（来源：网络）

鹿鸣老店日常（来源：网络）

鹿鸣新店座位空间（来源：网络）

　　文庙书市的门票仅需一元，每周日早七点开始，去晚了好书就要被挑走了。书市的摊主、读者、收藏家群体不止来自老城厢，影响力场域遍及上海，但今年搬至福佑路、加上因疫情缘故提前闭市，空间上的迁移、时间上的断裂松动着书市的基础。早前，书刊交易市场搬迁、内外几次装修改造、书市整顿、和书市规模和影响力减弱、鬼市的消亡，以及周边街道的渐趋冷寂息息相关。询问一些二手书店店主，挺多是某次停市后就觉得"太远了""也有一些固定联络的老顾客了"，便不再赶周末书市；年前在书市上问"以后怎么办"，大部分回答"不知道啊""看情况吧"；也有明确不愿搬的，"不做了""这种氛围不是一年半载的事情"——可见，首先多年来文庙书市并非是一个自然的衰弱，其次长年累月集体营造的氛围有着对空间的依赖。此外，这次空间迁移还意味着管理模式的变化，路边的野市会被城管驱离，搬进室内的摊子品类受严格控制。书本来是"文"的一部分,其余还有花鸟画鱼虫,以及音像、旧票证等等,更早时文庙里打牌赛车斗促织、外面还有兴旺的动漫街文具店小吃摊……可以想见当年的热火朝天。往后,对于文庙空间本身来说,再也没有日常的、鲜活的文化可依凭或承载了。而如文庙一般,可作为市域范围重要文化空间的福州路、绍兴路等,也在城市更新、规范管理空间、整顿杂小店铺等过程里渐失了血肉气息。

年前文庙书市(来源:网络)

今天,大量的连锁书店与人们的相互连接,不再通过场域和记忆,氛围与灯光、装潢的关联大过人们的活动,也无所谓在某一空间的历史长短,取而代之的,是品牌。实体空间作为品牌的一种物质表达和"呈现",并不需要品牌运营下建立的网络社群,或者更确切地说是客群的参与、使用和照

福佑路书市（来源：网络）

曾经的福州路及附近的国营书店、二手书铺、书报刊店，还有人广书摊、
新华学术书苑…（来源：网络）

料。和服装、餐饮品牌一样，顾客是被服务的对象，是品牌价值的消费者，不是影响空间的主体。

但同时，书店和空间、土地的关系也似乎从未如此紧密。

某书店打卡"标准"照（来源：网络）

朵云书院在上海中心这一位置独一无二的空间造景，通过网络宣传获取流量，最终为它带来了巨大的人流量。但在这里，空间体验只在视觉上，而且更多的是社交平台上他人的视觉。自 2017 年以来，视觉、美学在书店空间打造中极为重要，"教堂书店""拱券书店"云云甚至上升到空间精神性。然而在这样的空间里，身体和精神是极不舒适的，从长时间的排队，到看书时作为别人拍照的背景板，很难去相信人们是通过空间体验而与书店产生的连结。

大众书局等书店通过往郊区进行转移等等战略，积极响应政府将实体书店纳入城市发展布局的指导意见。品牌连锁书店和地产、商业综合体捆绑，换取相对低廉的租金，也提升了地产的价值，通过抽象的、象征性的文化价值连接到抽象的土地经济价值。但商业综合体的书店都待在她的"格子间"里，我想不起上周在某商城觅食时偶遇的是哪家书店，也无法记住五角场的大众书局开在哪一角的 MALL，仅通过具体的、实地的空间经历连结这些书店，几乎是不可能的。

　　终归是人和书店连结方式的差异。

　　虽然某些方式是无可奈何的选择，也未必是应遭受指摘的：通过网络连结的确是大势所趋，不然绍兴路原先的二楼书店们，以及更多的独立书店，在被迫迁移的过程中，就无法和读者保持联系、延续珍贵的情感和依恋；文化地产保障了部分书店的生存，提供了文化基础设施，促进了城市发展建设……

　　但是，只要连结回路不经过空间和地方，不作用在读者的身体和精神，文化空间就很可能仅仅是象征文化的空间，人们会以为在象征文化空间中的消费就是文化生产。而对于城市来说，它的空间不会因此而有文化，地方也不会感染温度。

X

时间的岛屿

　　距离德波 1967 年写作《景观社会》不过半个多世纪，距离他 1988 年的《景观社会评论》也不过三十多年，德波所担忧的一切似乎都在逐一印证：

　　"作为直接制造越来越多的物品图像（images-objects）的先进经济部门，景观就是当今社会的主要生产"。从一个多世纪前的城市美化运动与自然主义的探索，到近现代风貌型城市消费空间的塑造，景观空间的生产成为一种带有强烈的资本吸纳或催化效应的过程。景观标示出了资本对历史与记忆、对空间的掌控和诋毁。"景观的功能就是运用文化去埋葬全部历史的记忆……当文化仅仅变成了商品，它必定也变成景观社会的明星商品"。这是对霍克海默和阿多诺 1935 年《启蒙辩证法》[53]中"作为大众欺骗的文化工业"这一基本论点的进一步发展，"整个世界都要通过文化工业的过滤，用劳动换面包变成了用劳动换电影票和旅游度假"。这也指向后现代文化批判核心的议题——怀旧[54]，怀旧性的拼贴是后现代主义的重

要特征，它最大的特点是和"真实的历史"不相符，历史被收编（co-opted）了。[55] 一段真实的历史一旦被发现就会被一个虚假的过程所取代，在这个过程中，"社会大众被视作一群乐于被欺骗、并不在乎真实物品和它们的迪士尼版本之间差别的乌合之众"，"向大众广泛传播历史文化，或许也并不能提升文化感受力的档次，而只会走向平庸化"。[56] 这真是非常令人伤心的评论。

毋庸置疑，很多时候不假思索的简单快乐令人着迷。2023 年外滩公共艺术季中老城厢的猫街就是最好的例证。仅仅一周前方浜中路近豫园的一段，猫的墙绘旁粉笔画的草稿才刚刚勾勒线条。空寂的街道，巨大的摇摇欲坠的老城，偶尔一扇紧闭的门中传出来魔幻的唱诗班的歌声。但瞬间，小红书中这条上海老街已经变作人潮汹涌的城市奇观。老城废墟，一种前所未有的迷惑，巨大欢愉从虚无中诞生。也许，人们涌入了几乎被遗忘的老城，老城气息会在他们午夜的梦中被记起。

物质主义时代，空间的商品化，文化工业的壮大，制造了一个比真实世界更加动人的"景观社会"。我们的生活被景观欺骗了？被平庸化侵蚀了？[57] 而时间在全无知觉中流逝。"景观，就是商品完全统治了社会生活的那个时刻。"正如，被悬置起来的老城，这是一段"景观的时间"，就像本雅明所说的那样，"一段同质而又空洞的时间"。这依然将我们带回了巴黎寓言的那个故事，一个永恒的命题——"时间的意义"，我们如何将过去、现在、未来联结在一起？在景象的社会中如何通往"古代"，如何连接未来？

2012 年，我在一个德国小镇班贝格待过。幸运躲过一战和二战炮火的中世纪广场，石板路，老的桥，有着传统的生活气息却年轻飞扬。夏天的晚上，小镇广场上挤满了人，啤酒，音乐，每个人都快乐友善。这种热闹就像小时候大院的篮球场，大家围着看包子队和饺子队的比赛，球场边正对着是大院食堂，包子队赢了，第二天早晨吃包子，饺子队赢了吃饺子。那是一种关于共同世界的联想，令人他乡遇故乡。记忆是混杂着气味、颜色、冷暖或声音的某种氛围？是对应着某种"情境"——一种有质感和特性的场所？还是普鲁斯特所说的"在一种气息带来的感受中，过去的时光浮现在人的面前"[58]？

历史与记忆，一个最具争议的"现代性"母题。而从现代主义的发育阶段来说，"上海还在延续很早的命题：就是现代都市"[59]。

陈丹青在一次访谈中说到，"上海有很大的变化。我觉得上海从前是很泼辣的一个城市，虽然很风雅，小时候的上海还有股生气……但是我现在对上海很矛盾的心情，当然它还是很亲切，怀旧实物风吹过来都不一样。但我小时候的上海也已经没有了，城市建设日新月异，人也不一样了"。

"好了，现在上海已成了新话题，当时在图书馆、藏书楼，辛苦看到的旧书，如今大批量的印刷发行，用最好的铜版纸做封面。可在那里面，看见的是时尚也不是上海。再回过头来，又发现上海已不在这城市里。街面上不再有那样丰富的有表情的脸相，它变得单一。而且，过于光鲜，有一些粗糙的毛边，裁齐了，一些杂芜的枝节，修平了。而这些毛边和枝节，却是最先触及我们的感官的东西。于是，再要寻找上海，就只能到概念里去找了……总之，上海变得不那么肉感了，新型建筑材料为它筑起了一个壳，隔离了感官。这层壳呢，又不那么贴，老觉得有些虚空。可能也是离得太近的缘故，又是处于激变中，印象就都模糊了，只在视野里留下一些恍惚的光影"，这是王安忆在《妹头》里的描述。

"这次短回，觉得上海莫名地变得光鲜，但无论南京西路还是淮海路、愚园路、安福路、永福路，居然很难面对面碰到骨子里性感的上海女人，又因为才去了厦门，觉得上海这个城市除了体量不同，和哪儿哪儿的，也没什么两样。"这是一位 20 年前离开上海但总是渴望能重回故乡的同济校友的感想。

浓浓的 20 世纪 90 年代或更早的从前都已经过去了，无论是摄影的、文学的或是个人记忆中的上海。历史与记忆的语义如此含糊，既不是空间上直白的地域性表达，也不是展览、话剧等文化事件的密度。唯一清晰的是，对于他们，上海"往昔即异乡"（The Past is a Foreign Country）。

"上海 2035"中，卓越的全球城市、令人向往的人文之城，这是国家的、民族的厚望与都市的梦想。可是"上海的正史，隔着十万八千里，是别人家的事，故事中的人，也浑然不觉"[60]。作为现实世界渺小的个体，我们身处普通人切近的、日常的环境，面临"源于周遭情境的个人困扰"，而"关乎社会结构的公共议题"[61]或社会历史生活的宏大结构常常是我们无力把握也无从认知的。人群，大众，当个体的意义消失，陷入虚无，在哪里可能找寻回来？

废墟探索，漂移，情境，这一切只是上海的隐喻，就像本雅明用游荡者、流浪汉、诗人、拾垃圾的、人群、大众、商品、林荫大道、拱廊街……隐喻了他眼中的巴黎，那是一片物欲丰盛笼罩下的精神废墟。今天的上海依然是那个真实的生活之所，真正的尊重它，而不只是赋予它陈词滥调的想象。城市是集体记忆的处所，处所与市民的关系乃是城市最特出的建筑与景色。[62] 一个城市的特性不仅在其地形或建筑，而是在其居民五十年来住同一条街——如同我一样——之后，翻腾在记忆中的每个巧遇、每个记忆、字母、颜色和影像的总和。[63] 当每个人的记忆和观念流经上海，我们才塑造并真正拥有了上海。

德波在他执导的最后一部电影《我们一起游荡在夜的黑暗中，然后被烈火吞噬》（1978 年）中引用了李白的诗句，"黄河之水天上来，奔流到海不复回"，时间流逝仿若不停流淌着的塞纳河或长江，它们既是未来之河，也是过去之河，就像"所有的结尾都是一个新的开始，所有开始都是结局新的伪装"。在影片中巴黎的鸟瞰图、雷阿勒区的夜景全景图、咖啡馆的门口与内部、地下室与洞穴……这些令人联想起陈旧而遍布灰尘的老巴黎模样的镜头，也恰恰传递出某种"重建一切"的冲动，"重建一切的同时也热爱过去……把旧世界美好的东西在新世界最坏的地方重建起来"。如同巴尔扎克所言："希望是欲望的记忆"，并不是希望引导记忆，而是记忆与欲望联结在一起时产生了希望。[64]

巴尔扎克区别历史（受到排列与铺陈）与记忆（潜在且未经整理，但会出其不意地爆发）。[65] 记忆是主动与充满活力的，是自发且具想象力的，而非冥想的被动的。记忆将潜藏于过去的力量带到当下，如果没有记忆，这些力量只会在我们的脑海中继续沉睡。本雅明也写道："以历史的方式来陈述过去，并不表示'如实'呈现过去，而是抓住历史中的某个时刻……记忆与历史相反，记忆所响应的总是比实际记录多，它以意料之外的方式突然出现在人们面前……对自然形成的传统链接的记忆如同救世主在危难时刻突然显现，指出一条通往未来世界之路"[66]。历史却不是这样，历史常常是"假定了被保存的物体在一种它在其中可以展现自己真实意图的原始语境，即使事实可能并非如此"[67]。

卡尔维诺在《看不见的城市》中曾讲到一座名叫佐拉的城（城市与记忆之四）：

> "佐拉在六条河流和三座山之外耸起，这是任何人见过都忘不了的城市……这个叫人永远无法忘怀的城就像一套盔甲，像一个蜂巢，有许多小窝可以贮存我们每个人想记住的东西：名人的姓名、美德、数码、植物和矿物的分类、战役的日期、星座、言论……为了让人更容易记住，佐拉被迫永远静止并且保持不变，于是衰萎了，崩溃了，消失了。大地已经把它忘掉。"

这是"假定了"的历史叙事，人类中心主义的、宏大叙事的、抽象的、虚伪的、静止的、视觉的……它的书写者常常是奥斯曼或摩西那样的权力者、规划者，他们更看重的是为了让人更容易记住的一切符码，从建筑表皮，名人言论，到载入史册的事件，"一套能够暗示城市历史感的视觉装置可以吸引全球游客，这些装置的完整性比起建筑本身的历史或者它们在当地所具有的意义来说更为重要"[68]。喧闹的房地产投机与四处弥漫的消费主义景象，它们裹挟了城市文化，冲击了城市空间。里弄、花园住宅，在由生活空间转向经济空间后，它一定丢失了什么，甚至整个被丢失了。"Light，Heat，Power"，她像一位美丽又无奈的妇人，岁月痕迹一面在放大，一面在掩埋。上海这个吸引寻求享乐体验的消费者天堂，我们真的梦想它的未来是这样吗？我们并不希望看到佐拉的不幸蔓延。

"记忆既不是短暂易散的云雾，也不是干爽的透明，而是烧焦的生灵在城市表面结成的痂，是浸透了不再流动的生命液体的海绵，是过去、现在与未来混合而成的果酱，把运动中的存在给钙化封存起来：这才是你在旅行终点的发现。"[69] 在一片汪洋的景象社会中，记忆是传统沉没后露出海面的船骸，是我们得以孤独漂流的"时间的岛屿"[70]。

"寓言在思想之中一如废墟在物体之中。"

喜欢陆元敏和荒木经惟的拍摄。陆元敏影像中有生命的时间，他特别重视那些和当代都市规划与机能不相符合的碎片，这一点很类同荒木经惟——他在20世纪七八十年代的大部分作品，记录了东京街道景观和建筑多层次的占有和使用。上海的街道无穷无尽的有趣，上面两幅是我们的作品。

养狗之后才发现很多自在不是理所当然。以前没事的时候喜欢逛逛公园，有狗了之后才注意到，上海大部分公园是不允许带狗的，滨江绿道也只有徐汇滨江一段可以遛狗。前些年的西岸营地还是一个大型的狗狗公园，可以让小家伙们撒欢，不过"临时开放"三年后，被收回赋予了新的商办使命。狗只能去北侧更迷你的草坪，矮树桩围住，但仍是能容纳奔跑自由的小世界：咬着飞盘的狗子被主人提着转圈，柴犬、萨摩和边牧混战，哈希见到谁手里有吃的就扑腾过去，木木在争吵中受到了惊吓，委屈地缩到椅子里好久才缓过来……工作日的下午"狗声鼎沸"，就这样一直待到龙美术馆的阴影完全盖住了草坪上明黄的阳光。

"丰富而不过多设限的生活情境"，一种日常实在的各色生活的"同时在场"，"卓越和全球"的承诺里应该也有狗狗们的身影。

关于研究方法的说明

1）访谈与调研

由于城市探索者多排斥机械答录、量化问卷的交流方式，研究主要采用半结构访谈，即按照基本提纲进行的非正式访谈，随实际情况灵活处理提问方式、顺序和回答方式。

通过在典型案例地点时间跨度两个月的志愿活动，与参与城市空间艺术季的民众、策展方进行自然而充分的交流。此外，还包括实地调研，针对其空间信息、演变过程和人群行为活动等，多次进行现场观察和记录。这部分成果为第五、六章的分析提供空间实证支持。

2）网络数据挖掘与分析

通过爬虫程序，获取所选典型案例在网络媒介传播平台的相关内容，包括宣传纪实图文和人们的感受与评价等等，通过对结果进行词频分析，得到政府、公众、资本等主体对其的构想与认知。这些词汇在一定程度上反映出了景象叙事下的案例空间。

3）地图绘制

搜集典型案例的规划设计图、卫星图等，以及研究所绘制的心理地理地图。通过比较分析各地图的空间表现的差异，透视其所反映的不同的感知视角、价值取向与对城市空间理解。

附录 A　半结构访谈方法说明

由于废墟探索活动是自发形成而非由研究者组织——探索者对同伴、同伴数量、目的地、探索时间等都有个体的要求，不同于心理地理团体组织居民、学生、独立艺术家等的活动，不适合由研究者组织，因而不支持"陪同访问"，并在过程中进行交流和半结构访谈的方法。

但首先，部分城市探索者会在公开平台记录探索经历，并发布在漂移过程中的笔记、照片或影音片段等，已是典型的漂移、心理地理学材料。而且通常探索者会持续地进行记录，可由此分析其态度、行动、思考上可能有的转变。所以平台记录收集和分析可以作为无法陪同访问时，了解情境实践的方法。

其次，虽然不是在实践的同时进行交流，但半结构访谈依然被作为重要的研究方法，即按照基本提纲进行的非正式访谈，随实际情况灵活处理提问方式、顺序和回答方式。主要基于以下几点考虑：由于城市探索者多排斥机械答录、量化问卷的交流方式，相对于问卷调查、结构性访谈量化地提取人们的想法，半结构访谈更适用于情境实践的研究，且更合于情境实践者的心理和避免研究者预设的干扰。访谈中会重点让对象叙述一次具体的探索经历，包括较公开平台内容更为详细和还原的按照时间展开的叙述，更为私密的个人情绪、理解和不便公开的部分，类似于心理地理学团体在漂移后可能组织的圆桌讨论，一定程度上弥补无法在活动中交流的问题。在访谈过程中遵循心理地理活动避免学术语言使用的做法，用访谈对象熟悉的"城市探索/废墟探索"替代"废弃景观中的漂移"进行表述。同时在提问中加入"你认为你热衷探索的是什么？可用'废墟'一词概括吗？""你认为'废墟'指什么？或者说包含什么地方呢？"这样的问题，以便校正研究的指向。最后，访谈的形式可灵活处理，包括了面谈、语音电话、网络平台消息等，并在后续时间里保持更为自然的交流。

此外，在半结构访谈中除了没有提问顺序的限制以外，将刻意地不按逻辑关系提问，比如在问完探索者习惯的交流分享形式后，不一定跟着询问交流的动机；或者提出一些不与废弃景观直接相关的问题。这种问题的编排表明了一种蒙太奇[i]实践。蒙太奇的提问形式是专门设计用来鼓励自由联想，而防止各种规范性的自我调节的形式的——这种自我调节既与社会上的约定俗成有关，又与超我的警戒活动有关，使人囿于常规的和被规训束缚的反应中；同时这也有助于防止在半结构访谈过程中不经意的引导性提问。这种方法部分地贴近了陪同访问在行走过程中片段式的交流，蒙太奇也是当时德波在他的艺术实践中，主要用于打断观众连续性的观看和理解，使之被迫陷入停顿和思考的一种手段。

附录 B　心理地理地图绘制

在城市研究领域中，基于凯文·林奇（Kevin Lynch）"城市意象"的心理地图（Mental Map）被更广泛地探讨和应用：从单纯的物质形态要素对人认知环境的重要性，到要素中凝结的社会文化意义的发掘[ii]。通过最初的经典五要素（路径、边缘、区域、节点、标志），或要素间结构关系的绘制，心理地图表达了一种城市的居民对于都市景观的感知，也在传递一种体验的、社会的或存在意义上的"真相"[iii]。但是它与心理地理地图有明显差异：首先，心理地理地图可以有目的、有意识地选择突出某一部分现实，而不是对某一区域完整的，或者说印象最为深刻部分的纸上再现。比如提取被城市隐藏的地下管道绘制成图，或把被人们普遍漠视的街角图像拼贴起来；比如为了强调找回视觉以外的身体感知，绘制声音、气味、触觉等体感地图。其次，心理地理地图可能有意地扭曲，甚至致力于消解、重塑人们对城市的普遍印象，这种做法与易轨实践紧密相关。具体比如将两个不同区域重叠，或将历史地图重叠绘制成地图；或作为漂移实践的依据，间接地改变人们的城市认知体验，这种方式也被用于城市研究（如阵内秀信《东京的空间人类学》，2019）。最后，心理地理地图映射和叙述主观的情绪、见解、想象，这些情绪、见解和想象根植于城市空间环境，以及它们对其中的人们的影响，并往往带有批判意味。[iv]

城市探索通常会伴随着对现有空间的"次要的易轨"。一种是比如在探索过程中对废弃物品的重置、涂鸦创作、将废弃景观当作临时音乐棚、舞台使用等等，也包括有自我表达意图的摄影，赋予废弃景观、废弃物新的语境和意义；另一种是通过对探索过程留下的材料再组织，在探索后形成的空间叙事，废弃景观因此重新完成了一次情境主义的映射和表达，亦即次要的易轨。

第一种易轨，通过访谈知悉人们对废弃景观的介入和挪用，并在后文与政府、资本介入情况下的事件组织和空间营造相比照。

　　第二种具体的探索经历、空间叙事，即以文字、话语、照片的组合为载体的易轨，通过平台记录、半结构访谈获取。除此以外，针对作为典型空间实例的废弃景观对象，在与探索者充分交互的基础上，绘制心理地理地图，后与规划设计分析图、实际空间/卫星图相比照，可以从中透视其所反映的不同的感知视角、价值取向与对城市空间理解。并在之后结合空间实例的主流历史叙事、景象（网络传播媒介等所反映的）叙事进行分析。

　　心理地理地图试图传达一种体验的、社会的或存在意义上的"真相"，体现制图者的能动意志。但同所有的表征形式一样，地图显示了一些事物又必然地压制另一些事物，是通过拼贴和剪切、包容和排斥的过程，构建的一种叙事[v]。这一方面提醒研究者在与探索者讨论、绘制地图时不应反客为主，要如实地拼贴相应的笔记、照片材料在图上（由于现实限制，不能直接当面提供一个方便的环境给探索者本人操作）；另一方面在读图、分析时，要认识到这是特定视角下的"真实"，并非是表示对主流历史叙事等的排斥和否定。

　　此外，研究还通过爬虫程序，获取所选典型案例在网络媒介传播平台的相关内容，包括宣传报道图文和人们的感受与评价等等，通过对结果进行词频分析，得到政府、公众、资本等主体对其的构想与认知。

附录 C　个人访谈指引

　　最初通过什么契机意识到城市探索、废墟探索？
　　多久了？最初吸引你的是什么？

如果在下面的问题里，不同时期的你有不同答案，希望能提到这种转变。

（以下问题不依次进行提问）

你认为你热衷探索的是什么？可用"废墟"一词概括吗？你认为"废墟"指什么？或者说包含什么地方呢？

你认为废墟是一种另类空间吗？是城市的一部分？哪一部分呢？

你会关心废墟的过去或未来吗？是单纯地感受和想象、还是会找寻线索？

怎么满足这种好奇？

你都是怎么获取、找到这些地点？怎么看待这个过程？

如果你刚巧路过某处废墟却没有带相机的话，你会进入探索吗？会做哪些除摄影以外的事？

你会记录哪些东西？

自拍吗？你照片中的人和环境是什么关系？

探索中的你和平时工作生活中的你有什么不同？或者URBEX 在工作生活上给你带来什么影响吗？

"禁忌感"（对应到行为大概是翻墙、躲避监控一类）在你的探索体验中重要吗？

你觉得探索的过程是迷失的过程，还是掌握？

选择一次具体探索经历谈谈吧。

探索过程中你被哪些东西吸引了？

你因此引起的想象、情绪、感受、思考或回忆……

围绕所发布的平台记录提问。

你会和谁一起去吗？

你在探索过程中遇见过什么人吗？你有和他们交谈吗？对他们有什么看法？

你在哪些平台上，或在线下哪些场合，分享自己的或是获取别人的探索经历？一般以什么形式分享？

你对别人分享的记录感兴趣吗？会和别人交流吗？

为什么会分享经历、交流呢？有出发点吗？

平时你会和别人交流这种经历、感受吗？

你关心整个探索群体吗？

你对那些"约定俗成"（不公开，不带走，不破坏……）是什么态度？

如果你知道去年年末的小组争议事件，你有什么想法？

会与探索伙伴发展友谊吗？

你认为好的生活品质是什么？

你了解城市的其他方式有？

附录 D　个人访谈（摘录）

问：你会觉得这种探索行动对于你的城市而言，意味着什么吗？

　　答：我觉得城市也是一个巨大的生命体，然后很多人来到一个城市，可能就是在和这座城市……就是以此营生吧，因为城市为很多人提供了生计，大家可以在这里工作，可以在这里生活。但是城市的层面太多了，我自己觉得因为每个人的生活圈子其实都会很窄，平时接触的人都会局限在比如说自己的专业，或者说行业，或者说学历，因为这些都会很直接。

　　探索城市，我觉得更多还是丰富自己的一个……对于城市的了解，那"对于城市意味着什么？"这个问题提问的时候，似乎就已经把城市拟人化了，如果真的存在一个这样的人呐，我觉得作为一个拥有这么丰富层面的城市来说，她的一些不为人知的场所能够被人看到，或者说被人思考，或者假如存在被人理解的话，我想对于一座有着丰富层面的城市来说，她应该会觉得有些欣慰的。

　　但如果这个问题不是从这样拟人的态度，而是从一个客观的一个……城市的发展，或者说它的文化，它作为一个城市文化的培养，这些方面的话，其实我没有考虑很多，因为我并不觉得我一个人的行为对于整座城市会产生什么变化。但是，它会改变在我自己一个比较主观的世界里对城市的看法，其实这些看法对于城市，如果她作为一个外在于我的世界的东西，那就是没有影响的，如果把她视为一个内在于我的世界的东西，那这个影响应该是存在的。

　　问：那你会关心探索过去、未来吗？是单纯的感受和想象，还是会找寻线索？

　　答：我觉得我会关心我到的一个地方的过去和未来。首先我感觉我去了一个地方，就好像走进了一个已经落幕了的，但是发生过很多故事的一个现场。虽然那些人、那些事情都已经过去可能很多年了，但是这些事情留下了很多线索，比如墙上的痕迹，或者一些器物或者一些……特别是比如说照片啊，或者人用过的杯子啊或者衣服。这些东西本身就是一个容器，虽然你不可以完全还原，但是你会想象他们是曾经有所归属的，而有归属的东西如今被废弃了……其实我们自己在人生中好像也会有一些这样的感知，我觉得，这个东西会有一种想象中的共情。

　　而对于这些场所的未来，一般来说我都是带着一种比较……惊恐的心态，因为这些地方，我自己去到的这种废墟，都没有离城市很远，或者说在郊区，或者说在城市中间，其实它们随时都有可能，随着城市的改造，被铲平、被涂抹了，被装饰。被贴上瓷砖改造成文创产业基地，或者说直接就被推掉了，所以我还是觉得很可惜的，不管是损害了它们原来的形态，或者说直接让它们消失了。

　　有的时候去到的是一些我自己不知道的场所，我的确会在网上搜索这个地方以前是做什么的。比如说，之前在一个啤酒厂的废墟里面，大概是有一个朋友告诉了我那里是一个啤酒厂，然后我也去找了一下，它那里有很多废弃的标签。然后还有后来去到的一个工厂，是一个洗衣粉的工厂，那它也经历了好几次的更名，我在那里看到的一些资料，我就能够看到一个时代的变化，可能最开始是一个国营的化工厂，后来被一个跨国公司收购，再后来可能又经历了一些其他的改制或者什么，或者搬迁。

还有比如说我看到的一些车票，其实也会让人对那个时代有一些新的认识，比如说我看到从上海去杭州，或者苏州的车票，可能是一块多钱，反正就是一些这样的，历史的资料吧。会让人觉得整个废墟的空间，其实容纳过很多的东西，就好像有很多平行时空是在这里曾经重叠过的，只是现在我处在这个点，而前面的和后面的都是未知。

问：你有注意到废墟和它周边的社区、人的活动等等的关系吗？

答：实际上我感觉废墟本身的定义也挺模糊的，有一些区域可能已经被废弃，但还是有人生活，其中就可能它原来的作用废弃了，但是有一些其他的人寄居在里面，我不知道这种算不算废墟，因为有的时候会看到一些废墟里有可能是流浪的人居住过的痕迹。其他的废墟，在国内我接触到的地方，大部分都会被围挡起来，除了那种面临拆迁的，旧小区或者说一些其他的老城区的那种破败的街道。

比较纯粹的废墟，像一些废弃的工厂其实都被围起来了，有一些可能短暂地被利用，用来做停车场或者其他的用处，好像周围的社区居民就被官方人为地就和这个废墟隔离开来了，除非当这个废墟再度被改造，重新利用改头换面的时候。

其他的……就只是会在废墟里发现一些曾经来这里探索过的人，或者探索过的人留下的一些痕迹。

但是在有一个城郊的废墟，我看到有一些人在那里种了很多蔬菜。就是因为它有很多荒地，但我也不太确定是附近的村民呢，还是其他什么人就在开发，就感觉像是在自发地利用那个空间吧，因为废墟怎么说，实际上还是存在一个巨大的资源浪费……这种事实吧。

问：你之前有去过杨浦滨江的废墟吗？

答：在杨浦滨江被改造以前，我是没有去过那边的，现在它已经被成功地改造成了一个临水的公共空间，然后也看到有一些旧的厂房也正在改造之中。好像还有一栋房子是被一些建筑师设计拆掉了，一半变成了一个空中庭院一样的东西，我觉得，从这一个角度来说，如果每一个废墟都能有这样的明天，似乎在遗憾的同时还是值得令人欣慰的。

但同时走到那边的时候会经过定海桥那一片社区，然后定海桥本身是非常具有烟火气的一片民居集中的地方吧，全是很小的商贩小店，各种吃的夜宵摊子非常吸引人，老社区的感觉也是那种，自然生长的感觉吧。但是现在我看到那一片地方也立刻要被拆迁了，那里也有很多老的厂房，它们像被幽禁的，虽然那些厂房在那里非常巨大，像巨大的野兽，但是其实它们是被关在那里的，外面的人是不能够进去的。

你说到杨浦滨江，我忽然想起了我第一次去杨浦滨江的原因，是因为我当时在网上搜索了隆昌公寓。因为隆昌公寓，之前是在哪里看到过，说《功夫》里面的那个包租婆的那个院子是以上海一个地方为原型建的，我当时就专门找了那个原型，就是隆昌公寓。其实到隆昌公寓，虽然那里面现在还住了很多人，但也有一种很强烈的废墟的感觉，因为我会觉得那里以前肯定是一个繁华，或者说是一个比较高级，或者说至少是比较雅致的一个地方。但现在有点像贫民窟。

它给人的感觉像是你现在这种遗存，不管你现在是不是有人住在里面，或者说，现在是不是繁华或者什么，它好像就它的现在，这个本身就是所有过往历史的废墟，也就是历史的那些人、事物都已经消散以后，现在这个当下，本身就已经是历史的废墟了，即便是还住了很多人。因为你可以从一些建筑的式样啊石雕，或者说一些窗花，或者说一些老家具，很明显地感受到这些东西虽然一直延续着、使用着，但是其实好像中间经历了一些割裂，这个割裂也可以视为它被废弃的一个状态。

注　释

第一章

1　拉康的原话为"欲望着他者的欲望"。在拉康眼里，人的欲望从来不是直接发生的，"人的欲望是在中介的影响下构成的。这是要让人知道他的欲望的欲望。他以一个欲望，他者的欲望，作为对象，这是说如果没有中介人就没有他的欲望的对象"。参见张一兵. 他者幸福：日常生活中的微观异化薄片——瓦内格姆《日常生活的革命》解读［J］. 社会科学战线，2021（03）：65－74.

2　上海大部分老公房使用至今多 40 年有余，多为砖混预制结构，在经历了世博前的"平改坡"综合改造，和新一轮城市更新中对既有多层住宅加装电梯等综合改造中，这些老公房区域仍然承载着稳定的生活。

3　上海在 1990 年之后经历了急速变迁的发展历程，城市扩张与郊区城市化进程在空间地域上迅速融合，城乡二元的空间结构逐渐被打破；同时城市土地置换所推动的内部空间重组，也使得旧城改造有了实质性的进展。"简政放权"等政治动因与民间资本等经济力量的结盟使上海城市建设以一种空前规模和活力展开，并成为全国土地市场最为活跃的地区之一。上海土地开发既有用地性质以住宅、综合、商业为主的内向型重构，大部分集中在具有良好历史区位延续的静安、卢湾区、黄浦区、徐汇区、长宁区等区域；又有以综合类开发为主的外向型拓展，浦东新区成片开发、郊区县的新城或新镇开发以及上海临海、滨江的外围地区均成为重要场域。

4　蔡翔. 城市书写以及书写的"禁言之物"——关于《城市地图》的文本分析和社会批评［M］. 蔡翔. 当代文学与文化批评书系·蔡翔卷，北京：北京师范大学出版社，2010：236－254.

 5 李欧梵. 上海摩登 [M]. 北京：北京大学出版社，2001.

 6 罗岗，李芸. 作为"社会主义城市"的"上海"与空间的再生产 [A]. 热风学术 [C]，上海：上海人民出版社，2015 (4).

 7 Huyssen, Andreas. Present pasts: Urban palimpsests and the politics of memory [M]. Stanford University Press, 2003:38 - 40.

 8 乔丹·桑德. 本土东京：公共空间　在地历史　拾得艺术 [M]. 黄秋源译. 北京：清华大学出版社，2019：2 - 3.

 9 大卫·哈维在《巴黎城记》导论中指出：关于现代性思想的一个基本的核心共识，那就是"创造性的破坏"。"'巴黎，现代性之都'与其说是现代人间天城蓝图的实现，不如说是帝国和资本的联手杰作。"

10 马歇尔·伯曼. 一切坚固的东西都烟消云散了——现代性体验 [M]. 徐大建，张辑译. 北京：商务印书馆，2003：431.

11 乔丹·桑德. 本土东京：公共空间　在地历史　拾得艺术 [M]. 黄秋源译. 北京：清华大学出版社，2019：3.

12 一个名为保护实为开发的项目却实在地引发了保护意识的社会觉醒和高涨并实际地影响城市改造的方向，才是新天地的真正价值所在。参见于海. 城市更新的空间生产与空间叙事——以上海为例 [J]. 上海城市管理，2011，20 (02)：10 - 15.

13 鲍德里亚在《仿真与拟像》里谈到图像与真实的四种承接关系：它是对某种真实的反映；它掩盖和篡改某种基本真实；它掩盖某种基本真实的缺场；它与任何真实都没有联系，它纯粹是自身的拟像。

14 Jun Wang, Art in capital: Shaping distinctiveness in a culture-led urban regeneration project in Red Town, Shanghai [J]. Cities, 2009,26:318 - 330.

15 Stephen Wei-hsin. Wang, [J]. Urban Policy and Research, 2011, 29(4):363 - 380.

16 乔丹·桑德. 本土东京：公共空间　在地历史　拾得艺术 [M]. 黄秋源译. 北京：清华大学出版社，2019：7.

17 瓦尔特·本雅明. 巴黎，19 世纪的首都 [M]. 刘北成译. 北京：商务印书馆，2013，Ⅶ，译者前言.

18 整个张园项目在 2018 年底开始正式启动征收工作。张园西侧的丰盛里 2014 年完成土地出让，构成了如今"网红"的海派文化街区，也是唯一一个地铁上盖的风貌商业街区。

19 吴晓东. 废墟的美感——奥尔罕·帕慕克的《伊斯坦布尔：一座城市的记忆》[J]. 名作欣赏，2010（28）：43-45.

20 王安忆. 长恨歌 [M]. 北京：人民文学出版社，2019.

第二章

1 巫鸿，肖铁. 废墟的故事：中国美术和视觉文化中的"在场"与"缺席"[M]. 上海：上海人民出版社，2012.

2 凯文·林奇. 此地何时 城市与变化的时代 [M]. 赵祖华译. 北京：时代华文书局，2016.

3 奥尔罕·帕慕克. 伊斯坦布尔：一座城市的记忆 [M]. 何佩桦译. 2版. 上海：上海人民出版社，2017.

4 奥尔罕·帕慕克. 伊斯坦布尔：一座城市的记忆 [M]. 何佩桦译. 2版. 上海：上海人民出版社，2017.

5 巫鸿，肖铁. 废墟的故事：中国美术和视觉文化中的"在场"与"缺席"[M]. 上海：上海人民出版社，2012：1.

6 艺术史家巫鸿在《废墟的故事：中国美术和视觉文化中的"在场"与"缺席"》一书已经做了极为清晰的梳理。艺术史学家保罗·祖克回顾说："我们这个时代有关废墟的流行观念是 18、19 世纪卢梭、霍勒斯·沃皮尔等人浪漫主义的产物。"Paul Zucker. Ruins-An Aesthetic Hybrid, The Journal of Aesthetics and Art Criticism 20,1(1961)，p. 119. 转引自巫鸿. 废墟的故事：中国美术和视觉文化中的"在场"与"缺席"[M]. 上海：上海人民出版社，2017：1.

7 巫鸿，肖铁. 废墟的故事：中国美术和视觉文化中的"在场"与"缺席"[M]. 上海：上海人民出版社，2012：215.

8 巫鸿，肖铁. 废墟的故事：中国美术和视觉文化中的"在场"与"缺席"[M]. 上海：上海人民出版社，2012：215.

9 Berger A. Drosscape [M] WALDHEIM C. The Landscape Urbanism Reader. New York, NY; Princeton Architectural Press. 2006.

10 国内对城市废弃景观在后废弃阶段的利用，除与过去生命截然无关的城市建设外，多改造为后工业生态公园和工业创意产业园区，这也使得废弃景观、废弃地、棕地、工业废墟（industrial ruins）等概念关联紧密，或使废弃地概念所指即为后两者，而在此语境下的研究讨论多围绕生态修复过程，以及工业遗产价值和后工业审美展开参见王向荣，任京燕. 从工业废弃地到绿色公园——景观设计与工业废弃地的更新 [J]. 中国园林，2003，19（3）：11‑18；金纹青，胡继东. 工业废弃地的景观再生——对"798"艺术中心可持续发展的思考 [J]. 中国勘察设计，2007（3）：54‑57.

11 Berger A. Drosscape [M]. New York: Princeton Architectural Press, 2007.

12 Shannon K. Book review: Drosscape [J]. 世界建筑，2006（5）：104‑105.

13 同 3.

14 本书中对于"废弃景观"一词的使用仅限于专业讨论和特定背景，尽管就其指代对象与当下引起高度关注、亟待分析的"废墟"的契合程度而言，以"废弃景观"一词来概括研究对象会更加准确。

15 废墟的内涵一般还应包括如古城墙、圆明园等遗迹，但在近来才获得广泛关注的废墟话题中，这类古代遗址并不被提及——这与它们的历史遗产价值较早地被公众和学者认知，并建立了相应保护体系有关。

16 来源同 5.

17 Oswalt P, Overmeyer K, Misselwitz P. Urban Catalyst: Strategies for temporary uses [M]. Berlin: DOM Publishers. 2013.

18 Corner J. Introduction [M] CORNER J. Recovering Landscapes. New York: Princeton Architectual Press. 1999.

19 国际上针对中国废弃景观的讨论除对因历史事件或自然灾害产生的"创伤性废墟（traumatic ruins）"，常聚焦于过量建设导致"鬼城"所反映的城市增长相关的经济类问题，处于较边缘化的状态，而这有限的研究，也倾向于从城市发展的主流视角来看待它们，认为它们是"病态的"，或审美是"浪漫主义"的。参见 Blanc L. La conservation des ruines traumatiques, un marqueur ambigu de l'histoire urbaine [J]. L'Espace géographique, 2010, 3 (39):253‑266. Audin J. Beneath the Surface of Chinese Cities: Abandoned Places and Contemporary Ruins [J/OL] 2018, https://www. metropolitiques. eu/Beneath-the-Surface-of-Chinese-Cities-Abandoned-Places-and-Contemporary-Ruins. html. Shepard W. Ghost Cities of China: The Story of Cities Without People in the

World's Most Populated Country ［M］. London：Zed Books，2015；
Sorace C， Hurst W. China's Phantom Urbanisation and the
Pathology of Ghost Cities ［J］. Journal of Contemporary Asia，
2015,46(2):304 - 322.

20 城市探索起源于 18 世纪末的法国巴黎，主要的探索对象包含地下
（underground）管道、地上（above the ground）高楼屋顶等带有
禁忌意味的建成环境限制区域。参见 Garrett B L. Undertaking
recreational trespass：urban exploration and infiltration ［J］.
Transactions of the Institute of British Geographers，2014,39(1)：
1 - 13. 和 Davidov V. Abandoned Environments：Producing New
Systems of Value Through Urban Exploration ［M］ VACCARO I I，
HARPER K， MURRAY S. The Anthropology of Postind-
ustrialism：Ethnographies of Disconnection. New York：Rout-
ledge. 2016:147 - 165.

21 樊尚·考夫曼. 居伊·德波——诗歌革命 ［M］. 南京：南京大学
出版社，2014.

22 张宇星. 2020 建筑学研究生设计工作坊：废墟的可能性 ［J/OL］
2020， https：//mp. weixin. qq. com/s/Pwanf7FMafhfx4Ag-
FpsUIg.

23 鸟陵，废墟黑客入侵计划｜赶在时间以先，窥探末世之旅 ［Z/
OL］. （2018. 03. 16）［2023. 03. 14］. https：//www. doub-
an. com/note/661240286/

24 "有废墟的城市才有诗意，才有文化纵深感，这也是一个废墟，它
对于一座城市的存在意义。在当下，为什么我们觉得城市生活特
别可笑，特别俗气？一定是这个城市里没有废墟。一座城市里没
有废墟意味着什么呢？意味着这个城市里没有幽灵。而当我们每
一个人的生存不跟幽灵发生关系的时候，实际上每个人只是一个
物质，只是作为肉体存在的一具身体而已；只有一个身体开始获
得了精神，才是完整的。有精神就一定和幽灵是有关系的，而幽
灵一定与废墟相联系。"参见三联人文城市奖. 人文城市论坛 X
西川：一个遇不到"鬼魂"的城市，也就索然无味 ［Z/OL］.
（2021. 04. 11）［2023. 03. 14］. https：//mp. weixin. qq.
com/s/ChZpVGk6XD-ZCRynUsQmyA

25 巫鸿，肖铁. 废墟的故事：中国美术和视觉文化中的"在场"与

"缺席"［M］. 上海：上海人民出版社，2012. 尾声　国家遗产.

26 刘易斯·芒福德. 城市发展史：起源、演变与前景［M］. 宋俊岭，宋一然译. 上海：上海三联书店，2018：8.

27 另一个非常重要的相关群体——BDOER 巨大沉默物体迷恋者，他们所探索的未曾驯化的超验疆界，既包括废土探秘（UrbEx），也包括空想艺术、地图巡礼、风暴追逐、天文摄影、黑暗观光、梦境漫游等。如果说 Urbex（城市探索）是在时间尺度上的穿越，BDO（巨大沉默物体）就是在时间和空间双重维度中的跨越。

28 "如果说统一的'社会'（大写的 Society）已经难以实现的话，取而代之地存在一些异质的群体（复数的 societies），这些对特定的场所或者事物抱有关切的人群聚合或者网络可以被称为'诠释的社区'，或者用塔门精确的短语来讲是'可被诠释之物的同好会'（friends of interpretable objects）" Miguel Tamen. Friends of Interpretable Objects［M］. Cambridge, MA: Harvard University Press, 2001. 转引自乔丹·桑德. 本土东京：公共空间　在地历史　拾得艺术［M］. 黄秋源译. 北京：清华大学出版社，2019：216 - 217.

29 凯文·林奇. 此地何时　城市与变化的时代［M］. 赵祖华译. 北京：时代华文书局，2016：136.

30 弗德里克·帕雅克. 不确定宣言（2）：本雅明在巴黎［M］. 余中先译. 成都：四川文艺出版社，2021：110.

第三章

1 Debord, Panegyric, vol.1. 转引自安迪·梅里菲尔德. 居伊·德波［M］. 赵柔柔，崔晓红译. 北京：北京大学出版社. 2011：9.

2 张旭东. 中译本再版序［M］. 本雅明. 发达资本主义时代的抒情诗人. 张旭东，魏文生译. 北京：生活·读书·新知三联书店，2014：5.

3 张一兵：情境主义国际沿袭了很深的文学和先锋派艺术根源或者说传统。这些传统一直可以追溯到达达主义、未来派和超现实主义等欧洲先锋艺术运动，它们通过几个后起的先锋派团体的理论与实践，直接注入情境主义国际。这些先锋团体主要是指：实验艺术家国际（The International of Experimental Artist）、字母主义运动和字母主义国际（Letterist Movement and Letterist International）和包豪斯印象运动国际（The International

Movement for an Imaginist Bahaus)。各派别的思想存在很大的形似性，它们都提出变革当下社会现实的要求，并且各自的理论着力点大都在日常生活经验的批判上，并也都积极要求建构人的具体的生活情境（situations），以获得更加完善的生存状态。出自《德波和他的〈景观社会〉》，作者张一兵。参见居伊·德波. 景观社会［M］. 王昭风译. 南京：南京大学出版社，2007：代译序.

4 德波说"我哪里都生活过，就是未在知识分子中间生活过"。但事实上他却完全当得上"有机知识分子"的称号——属于某个地区或者民族，对他们基本感情感同身受。

5 1963 年的《文化工业再思考》中，阿多诺总结了文化工业的本质：文化工业的全部实践就在于把赤裸裸的赢利动机投放到各种文化形式上。"它把分隔了数千年的高雅艺术与低俗艺术的领域强行聚合在一起，结果，双方都深受其害。高雅艺术的严肃性在它的效用被人投机利用时遭到了毁灭；低俗艺术的严肃性在文明的重压下消失殆尽。"随着西方发达国家步入"丰裕社会""用劳动换面包"变成了用劳动换电影票和旅游度假。阿多诺. 文化工业再思考［M］. 高丙中译. 陶东风，金元浦等主编. 文化研究（第 1 辑）. 天津：天津社会科学院出版社，2000：198.

6 景观（spectacle）一词，出自拉丁文"spectae"和"specere"等词语，意思都是观看、被看。台湾学者也将其译为"奇观"。我个人以为，"spectacle"不是什么令人惊奇的观看，恰恰是无直接暴力的、非干预的表象和影像群，景观是存在论意义上的规定。它意味着，存在颠倒为刻意的表象。而表象取代存在，则为景观。德波第一次使用"景观"一词，是在他发表在《情境主义国际》1959 年第 3 期关于《广岛之恋》的影评文章中。据胡塞的考证，景观一词应该是源自尼采的《悲剧的诞生》一书，是德波新社会批判理论的关键词，原意为一种被展现出来的可视的客观景色、景象，也指一种主体性的、有意识的表演和做秀。上述内容参见张一兵. 颠倒再颠倒的景观世界——德波《景观社会》的文本学解读［J］. 南京大学学报（哲学·人文科学·社会科学版），2006（01）：5 - 17.

7 游戏具有两个特征：游戏是自主的，因而实际上是自由的；游戏不是"平常的"或"真实的"生活。游戏的非功利性使其可作为一种具有生活功能和文化功能的"暂时活动"嵌入日常生活；作为间歇和补充，游戏可以扩大生活的范围。参见约翰·赫伊津哈.《游戏的人》[M]. 多人译. 杭州：中国美术学院出版社，1996：9. Debord G. Report on the Construction of Situations and on the International Situationist Tendency's Conditions of Organization and Action [J /OL] 1957, https：//www. cddc. vt. edu /sionline /si / report. html. 安迪·梅里菲尔德. 居伊·德波 [M]. 北京：北京大学出版社，2011：27.

8 Guy Debord, 'Introduction to a Critique of Urban Geography' (1995) in Situationist International Anthology, ed. and trans. Ken Knabb (Berkeley , CA, 1989), p. 5. 转引自安迪·梅里菲尔德. 居伊·德波 [M]. 赵柔柔，崔晓红译. 北京：北京大学出版社. 2011：23.

9 安迪·梅里菲尔德. 居伊·德波 [M]. 赵柔柔，崔晓红译. 北京：北京大学出版社. 2011：50

10 同上。

11 达达主义，易轨指从现存事物中提取元素，并将其扭曲、颠覆或拼贴并置，使原始材料（公认的意义和惯常的行为）的平庸性或它们在一个景观控制系统中的功能被暴露和丢弃，令不同于惯性认知的新意义被发现或创造，一种新的、不可似商品般被交换的、不可复制的时空被建构出来。德波和吉尔·沃尔曼（Gil J Wolman）将易轨元素分为两种类型：欺骗性的易轨和次要的易轨。前者是指已经很重要的元素，如一篇重要的政治或哲学文章，伟大的艺术品或文学作品，通过被置于新的语境中而获得新的意义或范畴；后者是指那些本身并不重要的元素的易轨，如一张快照、一张剪报、一件日常用品等等，它们的所有意义都来自于被放置在一个新的语境中（Debord，Wolman，1956）。

12 安迪·梅里菲尔德. 居伊·德波 [M]. 北京：北京大学出版社，2011：30.

13 心理地理学在 1958 年也被精确地定义和公开发布为"关于地理环境对人的情感和行为的具体影响的研究，不管这种影响是否被有意识地组织起来（Debord，1955）"。这一转变也使得心理地理学和环境心理学、环境行为学在方法上拉开了距离。

14 德波把"精神地理学"定义为"对地理环境直接作用于个人的情感和行为，不管是有意还是无意地，所产生的细微效果进行的研

究。(见 Definitions in Internationale Situationniste, p. 13)

15《居依. 德波》p. 51.

16 樊尚·考夫曼. 居伊·德波——诗歌革命［M］. 南京：南京大学出版社，2014.

17 在《裸露的城市（Naked City）》（1958）中，德波和阿斯格·约恩特意将巴黎地图撕碎并将其重新组合成一幅达达主义式的令人震撼的拼贴画。

18 Ross K. Interview: Henri Lefebvre on the Situationist International ［J］. 1983.

19 Pyyry N. From psychogeography to hanging-out-knowing: Situationist dérive in nonrepresentational urban research ［J］. Area, 2018,51(2):315 - 323.

20 出自 Marcolini P. Le Mouvement Situationniste: une histoire intellectuelle ［M］. Montreuil:L'Échappée, 2012:81. 转引自张一兵. 漂移：打破主体在场的金钱构式凝固性——情境主义国际思潮研究［J］. 南京社会科学，2020（06）：9 - 15. 生存的空间、质性的空间，都被数学、集合化为量化的空间。城市也就服从于资本主义编码（codage capitaliste），从而成为一种永久的流（flux），也就是由商品或是人的存在（此时人的存在也只是商品）构成的流。在当代资本主义社会中，人们活着只是为了追逐商品的购进和遗弃，生命本身被抽象为一种无尽的消费之流。德波等人的情境主义式的漂移游戏，就是要打破这种经济枷锁中的微观劳作和日常生活氛围。

21 "我也是在街区长大的。"德波在自传《颂词》中承认，"我没有远游的需要。" "大多数时间我都住在巴黎，确切地说是在圣雅克街（rue Saint-Jacques）和鲁瓦耶科拉尔街（rue Royer-Colland）、圣马丁街（rue Saint-Martin）和格勒内塔街（rue Greneta）、巴克街（rue du Bac）和孔马耶街（rue de Commailles）相交的三个十字路口构成的三角地带。"这个区域不大，步行可及，跨越了塞纳河两岸，在雷阿勒区（Les Halles）和先贤祠（the Pantheon）之间，位于第 3 区和第 5 区。他说，他在这个地区消磨日夜，只要这里的生活没有遭到彻底破坏，就绝不会离开。Guy Debord, Panegyric, vol. I, trans. James Brook(London, 1991), pp. 43 - 44; Panegyrique, vol. I(Paris, 1993), p. 50. 转引自安迪·梅里菲尔德. 居伊·德波 [M]. 赵柔柔，崔晓红译. 北京：北京大学出版社. 2011：19.

22 Debord, 'Sur Ie passage de quelques personnes à travers une assez courte unité de temps', in Oeuvres cinématographiques complètes, p.21.转引自安迪·梅里菲尔德. 居伊·德波 [M]. 赵柔柔，崔晓红译. 北京：北京大学出版社. 2011：29.

23 Debord, 'Sur ie passage de quelques personnes à travers une assez courte unité de temps', in Oeuvres cinématographiques complètes, p.31.转引自《居侬·德波》.

24 图片来源 Sadler S. The situationist city [M]. Cambridge：The MIT Press, 1998.

25 张一兵. 漂移：打破主体在场的金钱构式凝固性——情境主义国际思潮研究 [J]. 南京社会科学，2020，(06)：9‑15.

26 本雅明. 巴黎，19 世纪的首都 [M]. 刘北成译. 上海：上海人民出版社，2006：159.

27 大卫·哈维. 巴黎城记 [M]. 黄煜文译. 桂林：广西师范大学出版社，2010.

28 波德莱尔给母亲的信，转引自本雅明. 发达资本主义时代的抒情诗人. 张旭东，魏文生译. 北京：生活·读书·新知三联书店.

29 张旭东. 本雅明的意义 [M]. 中译本第一版序. 本雅明. 发达资本主义时代的抒情诗人. 张旭东，魏文生译. 北京：生活·读书·新知三联书店，2014：6.

30 张旭东. 本雅明的意义 [M]. 中译本第一版序. 本雅明. 发达资本主义时代的抒情诗人. 张旭东，魏文生译. 北京：生活·读书·新知三联书店，2014：5. 此处引用的原文为"对大城市的揭露性呈现并不是出自这两种人，而是出自那些穿行于城市之中却心不在焉，或沉思默想，或忧心忡忡的人"。参见瓦尔特·本雅明. 巴黎，19 世纪的首都 [M]. 刘北成译. 北京：商务印书馆，2013.

31 维克多·富尔内尔，巴黎街头见闻，1858，第 263 页，转引自本雅明. 巴黎，19 世纪的首都 [M]. 刘北成译. 上海：上海人民出版社.

32 钱理群，温儒敏，吴福辉. 中国现代文学三十年 [M]. 北京：北京大学出版社，1998：325.
刘呐鸥很能展现上海浪荡子们身上的矛盾与纠结，他沉溺于浮华浪荡的生活之中，又想跳出来客观记录所发生的一切。他一方面欣然接受西方现代性带来的享乐与便利，流转于不同的文化之间，另一方面又为自己缺乏忠诚，离散漂泊感到悲凉。当然，并非所有人都能认同浪荡的生活风格。浪荡在上海话里被叫做"白相"，鲁迅曾以笔名旅隼在《申报·自由谈》上写了一篇《吃白相饭》的文章：要将上海的所谓"白相"，改作普通话，只好是"玩耍"；至于"吃白相饭"，那恐怕还是用文言译作"不务正业，游荡为生"，对于外乡人可以比较的明白些。游荡可以为生，是很奇怪的。

33　傅建安. 刘呐鸥小说与新时期都市书写［J］. 南方文坛，2010，No. 135（02）：66‐69.

34　它们不仅最密切地联系着都市生活的资本主义和知性主义特征，而且，也给生活内容增添色彩，也有助于排除那些非理性的、本能的、独立的人类特性和冲动，它们从一开始就寻求从内部决定生活方式，而不是从外部接受一种普遍的、像图表一样中规中矩的生活方式。

35　如波德莱尔对"现代性"的定义："现代性就是过渡、短暂和偶然，是艺术的一半；它的另一半是不变和永恒。"

36　波德莱尔（1821—1867）：《天鹅》，钱春琦译本，第 216 页。转引自本雅明. 巴黎：19 世纪的首都［M］. 刘北成译. 上海：上海人民出版社，2006：158.

37　魏尔伦对波德莱尔的一段评价现在看来依然是准确而富于预见性的："在我看来，波德莱尔深刻的原创性，乃是他强有力地表现了现代人……过度的文明的精致所塑造的现代人：有着锐化、活跃的感官，有着痛苦、微妙的心灵，其心智被香烟弥漫，其血液被酒精燃烧的现代人……书写我们这个时代的未来历史学家应带着虔诚的专注力研究《恶之花》，它是本世纪整个要素的精华和极端浓缩。"黄灿然. 在波德莱尔的咒语下｜天涯·新刊［Z/OL］.（2020. 07. 10）［2023. 03. 15］. https：//mp. weixin. qq. com/s/mkSpHdvcMJnQ8ZEsgKvbjw

38　"波德莱尔吟咏巴黎的诗歌具有隽永的价值，乃是缘于他所表达的关于这座大城市衰败的观念。"引自本雅明. 巴黎：19 世纪的首都［M］. 刘北成译. 上海：上海人民出版社，2006：159.

39　由于国家建立了高度发达的社会福利体系。法国人重新拥有世界最高的生活水平，工资大幅上升。并且许多农村人口迁移至都市，法国进入城市化社会。其时的巴黎，积蓄了各种各样的社会问题：出生率激增，大学生人数骤长；两代人之间的鸿沟加深；对物质消费无止境进步的忧虑；经济发展了，但文化还是老样子，它们之间的差距是爆炸性的。很多大学生对学习的目的感到困惑，对出路的渺茫和不稳定感到忧虑，对他们将来在"消费社会"中的命运忧心忡忡，他们的精神危机比物质危机更为严重，而他们的命运又关系到法兰西的未来。

40 译文选自波德莱尔. 恶之花　巴黎的忧郁 [M]. 钱春绮译. 北京：人民文学出版社，1991：320.

41 Blaise Cendrars, To the End of the World (London, 2002), pp.13, 73.转引自安迪·梅里菲尔德. 居伊·德波 [M]. 赵柔柔，崔晓红译. 北京：北京大学出版社. 2011：43.

42 朱明. 巴黎大区城郊问题的根源与治理.《中国城市研究》第五辑 [M]. 北京：商务印书馆. 2012.

43 Louis Chevalier, The Assassination of Paris (Chicago, 1994), p. 246.转引自安迪·梅里菲尔德. 居伊·德波 [M]. 赵柔柔，崔晓红译. 北京：北京大学出版社. 2011：47.

44 Louis Chevalier, The Assassination of Paris (Chicago, 1994), p. 84.转引自安迪·梅里菲尔德. 居伊·德波 [M]. 赵柔柔，崔晓红译. 北京：北京大学出版社. 2011：47.

45 弗德里克·帕雅克. 不确定宣言（2）：本雅明在巴黎 [M]. 余中先译. 成都：四川文艺出版社，2021：116.

46 本雅明. 巴黎：19 世纪的首都 [M]. 刘北成译. 上海：上海人民出版社，2006.

47 博物馆的前身，德语：Wunderkammer，意大利语：camera delle meraviglie 是 15 到 18 世纪间，欧洲收藏家用于陈列自己收藏的稀奇物件和珍贵文物的屋子。

48 出自居斯塔夫·热弗鲁瓦《夏尔·梅里翁》巴黎，1926 年第 2 页，由此来理解梅里翁作品与波德莱尔的关系。转引自本雅明. 巴黎：19 世纪的首都 [M]. 刘北成译. 上海：上海人民出版社，2006：165.

49 本雅明. 巴黎：19 世纪的首都 [M]. 刘北成译. 上海：上海人民出版社，2006：165.

50 胡恒. 如何绘制罗马？——18 世纪罗马"平面地图"中的历史与

现实 [J]. 同济大学学报（社会科学版），2020，31（03）：69－76.

51 大卫·哈维. 巴黎城记 [M]. 黄煜文译. 桂林：广西师范大学出版社，2010.

52 1922 年，T. S. 艾略特创作的长诗《荒原》，隐喻了"一战"后人类精神世界犹如万物萧瑟，生机寂灭的荒原。悠久的文明仿佛中了现代人的魔咒，庄严的大厦变成倒塌的碎片，使人们再也难见昔日的光彩，诗人写道："那山中是什么城/破裂，修好，又在紫红的空中崩塌/倒下的楼阁呵/耶路撒冷、雅典、亚历山大/维也纳、伦敦/呵，不真实的。"T. S. 艾略特. 荒原 [M]. 赵毅衡. 美国现代诗选　下. 北京：外国文学出版社，1985.

53 瓦尔特·本雅明. 德国悲剧的起源 [M]. 陈永国译. 北京：文化艺术出版社，2001：146.

54 唐晓峰，北京大学城市与环境学院历史地理研究所教授为巴黎城记写的推荐语，参见大卫·哈维. 巴黎城记 [M]. 黄煜文译. 桂林：广西师范大学出版社，2010.

55 列斐伏尔（Henri Lefebvre）在《日常生活批判》提出与"情境（situation）"类似的"瞬间（moment）"。在琐碎的日常被异化的生活中，"瞬间"是照耀平庸化日常生活的一抹亮光，是获得短暂解放的一刻。国内翻译的情境主义理论研究基本上停留在几个个人文本和个人理论上，如居伊·德波（Guy Debord）的《景观社会》和《景观社会评论》、鲁尔·瓦纳格姆（Raoul Vaneigem）的《日常生活的革命》以及米歇尔·德·塞托（Michel de Certeau）的《日常生活实践》。

56 Nieuwenhuis C A. New Babylon [J/OL] 1972，http：//www. notbored. org /new-babylon. html.

57 由若干组块构成。每个组块都是一个具有巨型结构的超级建筑（Hyper-Architecture），或建筑群，占地面积大概 5 到 10 公顷。为了让地面解放出来用作交通和公共集会，通常组块整体架空15—20 米。

58 游戏的人，原为荷兰语词组 Homo Ludens，1938 年荷兰人约翰·赫伊津哈以此为书名出版了他的文化研究代表作。他认为文明在游戏中产生和发展，人们主要通过游戏获得独立思考能力，发展自身技能，观念及意义也需要借助游戏来演化，对应于"理性的人"（Homo sapiens）和"制造的人"（Homo faber）。

59 鲁尔·瓦纳格姆. 日常生活的革命［M］. 张新木等译. 南京：南京大学出版社，2008：230. 转引自张一兵. 本真时‐空中的失去与重新获得——瓦纳格姆《日常生活的革命》解读［J］. 马克思主义理论学科研究，2021，7（01）：71‐80.

60 鲁尔·瓦纳格姆. 日常生活的革命［M］. 张新木等译. 南京：南京大学出版社，2008：229. 转引自张一兵. 本真时‐空中的失去与重新获得——瓦纳格姆《日常生活的革命》解读［J］. 马克思主义理论学科研究，2021，7（01）：71‐80.

61 Pinder D. Visions of the City: Utopianism, Power and Politics in Twentieth Century Urbanism ［M］. Edinburgh: Edinburgh University Press, 2005.

62 Khatib A. Attempt at a psychogeographical description of Les Halles ［J/OL］ 1958, https://www. cddc. vt. edu /sionline /si / leshalles. html.

63 Bridger A J, Emmanouil S, Lawthom R. Trace. space: a psycho-geographical community project with members of an arts and health organisation ［J］. Qualitative Research in Psychology, 2016,14(1): 42‐61.

64 米歇尔·德·塞托. 日常生活实践［M］. 方琳琳，黄春柳译. 南京：南京大学出版社，2015.

65 Edensor T. Walking through ruins ［M］//INGOLD T A V, L. Ways of Walking: Ethnography and Practice on Foot. Ashgate Press. 2008.

66 Moles K. A walk in thirdspace: Place, methods and walking ［J］. Sociological Research Online, 2008,13(4):1‐8.

67 图片来源 Bridger A J, Emmanouil S, Lawthom R. Trace. space: a psychogeographical community project with members of an arts and health organisation ［J］. Qualitative Research in Psychology, 2016, 14(1):42‐61.

68 1971 年东京玩乐指南和《城市道路》开始发行，通过提供戏剧、电影和大大小小的场馆的充足信息以及具体的街道图，这些指南把东京塑造成了一个充满了等待被发现的场所的巨大集合。它反映了消费机会的扩大以及人们对于相关地理信息的需求。街道探索—在此特指以寻找娱乐资源、餐饮场所和值得买的物品为目的的散步—

是这个新的信息经济时代的热门词之一。参见乔丹·桑德. 本土东京［M］. 黄秋源译. 北京：清华大学出版社，2019：128 - 129.

69 参见乔丹·桑德. 本土东京［M］. 黄秋源译. 北京：清华大学出版社，2019：126 - 137.

70 参见乔丹·桑德. 本土东京［M］. 黄秋源译. 北京：清华大学出版社，2019：126 - 137.

71 "这是些'别处'的大陆，在今天，'别处'可以说已经不再存在了，整个世界趋向于变得一致。也许我们正在接近城市生活的一个危机时刻……'特大城市'，也就是正在覆盖全世界的连续的、单一的城市图景，也统治着我的书……我的马可·波罗心中想的是要发现使人们生活在这些城市中的秘密理由，是能够胜过所有这些危机的理由"。参见伊塔洛·卡尔维诺. 看不见的城市［M］. 张宓译. 南京：译林出版社，2006：序言.

72 奥尔罕·帕穆克. 伊斯坦布尔：一座城市的记忆［M］. 何佩桦译. 2版. 上海：上海人民出版社，2017：新版序.

第四章

1 漂移素材的采集是严肃的，本书中涉及的 40 位访谈者均获得了他们的授权。书中少量引用的图像也经得了他们的允许。

2 本书第四章"漂移素材采集"中解释了访谈以"废墟"替代"废弃景观"，以"探索"替代"情境主义实践"或"漂移"进行提问的原因。

3 巫鸿，肖铁. 废墟的故事：中国美术和视觉文化中的"在场"与"缺席"［M］. 上海：上海人民出版社，2012.

4 本书第二章与第四章中的"变体字"均来自于城市探索者的平台记录或半结构访谈。

5 克苏鲁神话（Cthulhu Mythos）是以美国作家霍华德·菲利普·洛夫克拉夫特的小说世界为基础，由奥古斯特·威廉·德雷斯整理完善，并由诸多作者所共同创造的架空神话体系，诠释了人类在宇宙中的微不足道和对未知的恐惧的探讨。

6 安德烈·塔可夫斯基 1979 年电影，讲述几人前往核事故发生后的废弃地区探索的故事。

第五章

1 定海桥互助社，招募｜白洋淀＋复兴岛夜游：夜访定海桥构树王，2017 - 07 - 18.

2 定海居委隶属定海街道，现居委会管辖 42 个居民小组，1854 户居民，户籍人口 6289 人，总面积 11.07 万平方米。定海桥互助社位于上海市杨浦区定海港路 252 号，是一个自我组织的学习、沟通、反思和服务的活动现场。

3 许云倩. 杨浦马路漫记 [J]. 档案春秋，2014 (3)：51 - 53.

4 王国平，魏伟明，郭庆松. 中国特色城市转型研究——以上海市杨浦区为例 [J]. 上海行政学院学报，2012，000 (001)：4 - 21.

5 到 1949 年，将近百万人住在草房里，上海约有三百二十二个棚户区，每区至少有两百间草房。所有这些棚户区都在大多数中国精英居住的外国租界之外……棚户区围绕租界形成了差不多完整的一圈。参见韩起澜 (Emily Honig). 苏北人在上海，1850—1980 [M]. 卢明华译. 上海：上海古籍出版社；上海：上海远东出版社，2004.

6 汪宇婧. 杨浦区城市更新路径探析 [J]. 上海党史与党建，2017 (10)：50 - 52.

7 王娟. 从"工业锈带"到"生活秀带"：黄浦江岸线转型记 [J]. 国土资源，2019 (12)：56 - 59.

8 由于杨浦滨江中段与北段的改造与贯通尚未开展，它们在社交平台被提及时通常会选择"复兴岛""共青国家森林公园"等指称，而人们在提及杨浦滨江南段时往往简化为"杨浦滨江"，因此目前在社交平台中被称作"杨浦滨江"的即可视为杨浦滨江南段。

9 经人为核查，词频分析在分词过程中没有识别出"绿之丘"，其在 2019 城市空间艺术季后的微博条目里出现频繁。

第六章

1 Augé M. Non-places: Introduction to an Anthropology of Supermodernity [M]. London: Verso, 1995.

2 郭怡姝，金雅萍. 空间再生产视角下的上海黄浦江工业水岸转型研究 [J]. 风景园林，2020，27 (7)：30 - 35.

3 柳亦春. 重新理解"因借体宜"-黄浦江畔几个工业场址改造设计的自我辨析 [J]. 建筑学报，2019 (08)：27 - 36；杨雍恩. 边园之旅：黄浦江畔的时代转变［J］. 新建筑，2020（03）：90‒95.

4 章明，张姿，张洁，et al. "丘陵城市"与其"回应性"体系——上海杨浦滨江"绿之丘"［J］. 建筑学报，2020（01）：1‒7；鞠曦，章明，秦曙. 绿之丘——上海杨浦滨江原烟草公司机修仓库更新改造［J］. 时代建筑，2020（1），92‒99.

5 崔愷，常青，汪孝安，et al. "绿之丘"作品研讨［J］. 建筑学报，2020，616（01）：14‒23.

6 图片来源：章明，张姿，张洁，et al. "丘陵城市"与其"回应性"体系——上海杨浦滨江"绿之丘"［J］. 建筑学报，2020（01）：1‒7.

7 同 7.

8 秦曙，章明，张姿. 从工业遗地走向艺术水岸——2019 上海城市空间艺术季主展区 5.5km 滨水岸线的更新实践中公共空间公共性的塑造和触发［J］. 时代建筑，2020（1）：80‒87.

9 章明. 锚固与游离［J］. 城市环境设计，2017（06）：394‒397.

10 Barnes T J, Duncan J S. Writing Worlds: Discourse, Text and Metaphor in the Representation of Landscape［J］. Geografiska Annaler, 1995, 77(1):67‒68.

11 居伊·德波. 景观社会［M］. 王昭风译. 南京：南京大学出版社，2007.

12 张宇星，韩晶，梁道泓. 我们的城市，未来最大的问题是"不会变老"［J/OL］2021，https：//xw. qq. com/amp-html/20210108A02TL400.

13 Debord G. Theory of the Dérive［J/OL］1958，http：//www. cddc. vt. edu/sionline/si/theory. html.

14 夏清绮. 艺术与杨浦滨江的"相遇"［J］. 上海艺术评论，2020（2）：31‒32.

15 章明，张姿，秦曙. 锚固与游离——上海杨浦滨江公共空间一期［J］. 时代建筑，2017，000（001）：108‒115.

16 章明，张姿，秦曙. 锚固与游离——上海杨浦滨江公共空间一期［J］. 时代建筑，2017，000（001）：108‒115.

17 Tilden F. Interpreting Our Heritage［M］. Raleigh: University of North Carolina Press, 1957. Lowenthal D. 'FALSE' HERITAGE / 'TRUE' HISTORY［J］. Art History, 1988, 11(3):467‒468.

18 董一平，侯斌超. 工业遗存的"遗产化过程"思考 [J]. 新建筑，2014（4）：40 - 44.

19 居伊·德波. 景观社会 [M]. 王昭风译. 南京：南京大学出版社，2007.

20 列斐伏尔认为空间具有 3 个层面：空间实践（spatial practice）、空间的表征（representation of space）和表征的空间（representational space），这三重空间的特征分别是"实在的（lived）""构想的（conceived）"和"认知的（precei-ved）"。参考赵亮，陈蔚镇. 景观空间生产研究——逻辑、机制与实践 [J]. 中国园林，2017，33（03）：39 - 44.

21 王辉. "景观社会"中的工业遗产"造景"：天津运河创想中心设计 [J]. 时代建筑，2019，000（006）：106 - 113. 王辉. "景观社会观社会"中的造景及反思 [J]. 室内设计与装修，2019（09）：110 - 112.

22 秦曙，章明，张姿. 从工业遗地走向艺术水岸——2019 上海城市空间艺术季主展区 5.5km 滨水岸线的更新实践中公共空间公共性的塑造和触发 [J]. 时代建筑，2020（1）：80 - 87.

23 张宇星. 2020 建筑学研究生设计工作坊：废墟的可能性 [J/OL] 2020，https：//mp. weixin. qq. com/s/Pwa-nf7FMafhfx4AgF-psUlg.

24 Foucault M. Des espaces autres, Hétérotopies（1967）[J]. Architecture／Mouvement／Continuité，1984，46 - 49.

25 Audin J. Open Call for Participation Research Network on Urban Ruins in Contemporary China [J／OL] 2018，http：／／www. cefc. com. hk.

26 吉奥乔·阿甘本. 差异与重复：论居依·德波的电影 [J/OL] 1995，https：//ptext. nju. edu. cn/c1/67/c12242a 246119/page. htm.

27 集良建筑. YP WATERFRONT PARK：杨浦滨江公园之上海制皂厂探秘 [J/OL] 2019，http：//www. conco-mstudio. com/2019/03/15/ypwp-soap-factory _ 杨浦滨江公园-之-上海制皂厂/.

28 杨晓青. 看台与舞台：杨浦滨江公共空间南段二期景观设计 [J]. 风景园林，2020，27（6）：68 - 72.

29 居伊·德波. 景观社会 [M]. 南京：南京大学出版社，2017.

30 DeLyser D. Authenticity on the ground: engaging the past in a California ghost town [J]. Annals of the Association of American Geographers, 1999,89(4):602 - 632.

31 Debord G. Theory of the Dérive [J / OL] 1958, http: // www. cddc. vt. edu / sionline / si / theory. html.

32 Granovetter M S. The Strength of Weak Ties [J]. American Journal of Sociology, 1973,78(6):1360 - 1380.

33 郑中玉，何明升．"网络社会"的概念辨析 [J]. 社会学研究，2004,(01)：13 - 21.

34 Pinder D. Visions of the City: Utopianism, Power and Politics in Twentieth Century Urbanism [M]. Edinburgh: Edinburgh University Press, 2005.

35 Smith P. Psychogeography Now: Talk for Edge Hill University [J / OL] 2016, https: // www. coursehero. com / file / 77822312 / Psychogeography-Nowdocx /.

36 Smith A. Events in the city: Using public spaces as event venues [M]. London: Routledge, 2015.

37 唐其桢，朱文一．大事件策划对城市空间的负面影响初探 [J]. 城市设计，2019 (3)：40 - 55.

38 文隽逸．图像的狂欢：读图时代的城市与建筑设计 [D]. 重庆：重庆大学，2010.

39 Richards G, Palmer R. Eventful Cities [M]. London: Routledge, 2010.

40 居伊·德波．景观社会 [M]. 王昭风译．南京：南京大学出版社，2007.

41 Moles K. A walk in thirdspace: Place, methods and walking [J]. Sociological Research Online, 2008,13(4):1 - 8.

42 居伊·德波．景观社会 [M]. 王昭风译．南京：南京大学出版社，2007.

43 海伦娜·韦伯斯特．建筑师解读布迪厄 [M]. 林溪，林源译．北京：中国建筑工业出版社，2017.

第七章

44 赖特·米尔斯．社会学的想象力 [M]. 陈强，张永强译．上海：

生活·读书·新知三联书店，2005.

45 孙平. 上海城市规划志 [M]. 上海：上海社会科学院出版社，1999：第九篇.

46 早在 1986 版《上海市总体规划方案》中即已提出：旧区改建将结合工业调整、城市基础设施建设和棚户、危房的改建，有重点地集中成片地进行，不搞见缝插针，以利于城市交通的改善、环境质量的提高和市容面貌的改观。

47 余敏飞. 里弄·房地产·旧区再开发——上海城市文脉的延续 [J]. 时代建筑，1995（04）：27 - 29.

48 风貌区划定的标准与依据是"把风貌区内保护建筑、保留历史建筑较为集中，空间格局保存完好，风貌特征明显的区域华为核心保护范围进行严格控制"。"在上海历史文化风貌区保护规划中，城市肌理演化的研究通过比对历史地图进行，把 1949 年前后的城市肌理作为划定'核心保护范围'的重要依据之一"。同时，很明显，保护范围的划定也受到在范围划定之前已经进行的改造和重建的影响。

49 王安忆. 考工记 [M]. 广州：花城出版社，2018.

50 李彦伯. 上海里弄街区的价值 [M]. 上海：同济大学出版社，2014：104 - 105.

51 毛地出让，是上海过去推行的一种旧改方式，由开发商承担地块的改造，但出于种种原因，不少毛地无法启动旧改，地块内情况复杂，居民旧改意愿非常强。由于当时征收地价相对便宜，所以对于城市房地产建设起了很大的推动作用。2004 年土地出让制度改革后，毛地出让政策被取消。截至 2019 年底，上海中心城区还有 27 块历史毛地出让地块待开发，涉及二级旧里以下房屋约 40 多万平方米，居民约 2. 9 万余户。

52 自 2020 年以来，酝酿已久二级旧里大动迁启动，上海市政府确定了全城城市更新"硬指标"：2020—2021 两年，上海将完成中心城区成片二级旧里以下房屋改造约 110 万余平米。"十四五"期间，计划完成中心城区零星二级旧里以下房屋改造约 48. 4 万平米。指标完成的重点地区就是黄浦、虹口和杨浦。

53 "作为大众欺骗的文化工业"一章谈到了二战后所有文化工业的问题，谈到关于明星、广告、电影、出版业、广播电台和流行音乐的问题，文化进步走向其对立面，文化工业使公众变得愚蠢，而文化本来是应该起到启蒙的作用的。由于文化产品彻底沦为了商品，文化工业破坏了文化："它把分隔了数千年的高雅艺术与低俗艺术的领域强行聚合在一起，结果，双方都深受其害。高雅艺术的严肃性在它的效用被人投机利用时遭到了毁灭；低俗艺术的严肃性在文明的重压下消失殆尽。"

54 "怀旧，这一原本被用来指称一种心理创伤的术语，则不经意间把大众塑造成了一种消极的、被夹杂在过去和未来之间的情感麻痹症所困扰并无法接受当下现实的形象。"参见乔丹·桑德. 本土东京：公共空间 在地历史 拾得艺术 [M]. 黄秋源译. 北京：清华大学出版社，2019.

55 乔丹·桑德. 本土东京 [M]. 黄秋源译. 北京：清华大学出版社，2019：211.

56 赖特·米尔斯. 社会学的想象力 [M]. 陈强、张永强译. 北京：生活·读书·新知三联书店，2005：235.

57 "平凡化/平庸化（banalization）的运动，在景观的闪亮消遣下，在世界范围内统治着现代社会，也统治着社会的每个要点，其中对商品的发达消费从表面上增加了需要选择的角色和物品"。顶流的各路买手、媒体明星们巨大的地铁广告，他们"作为一个活生生的人类存在的景观代表，通过一系列可能角色的对象化体现了一种普遍的陈腐和平庸。""明星就是表面经历的专业化，就是与无深度的表面生活相等他的对象。众多明星的存在就是为了塑造不同类型的生活方式和理解社会的方式。"实然，表演者和观看者皆沉溺于幻象，而偏离了本真的生活。

58 普鲁斯特的所有作品，从《过去的韶光重现》到《消逝的阿尔贝蒂娜》《追忆似水年华》都可视为把握这种气息般的"记忆"的努力。本雅明把普鲁斯特的写作理解为"在当今的条件下综合写出经验的尝试"。这需要非常艰巨的努力，因为如今"用经验的方式已越来越无法同化周围世界的材料了"。

59 9 月 4 日吴亮·陈丹青·格非在尤伦斯艺术中心的对谈"少年与天光"。

60 王安忆. 考工记 [M]. 广州：花城出版社，2018.

61 赖特·米尔斯. 社会学的想象力（英文版）[M]. 北京：中国传媒大学出版社，2016：8‐10.

62 大卫·哈维. 巴黎城记 [M]. 黄煜文译. 桂林：广西师范大学出

版社，2010.

63 奥尔罕·帕穆克. 伊斯坦布尔：一座城市的记忆［M］. 何佩桦译. 2 版. 上海：上海人民出版社，2017.

64 大卫·哈维. 巴黎城记［M］. 黄煜文译. 桂林：广西师范大学出版社，2010：84.

65 转引自大卫·哈维. 巴黎城记［M］. 黄煜文译. 桂林：广西师范大学出版社，2010：62. 在巴尔扎克笔下许多人物并不属于任何特定的历史时代；他们被区分成"帝国的记忆与移民的记忆"，记忆因此被历史所扭曲，有时还与历史冲突。在他笔下许多人物并不属于任何特定的历史时代；他们被区分成"帝国的记忆与移民的记忆"，记忆因此被历史所扭曲，有时还与历史冲突。

66 大卫·哈维. 巴黎城记［M］. 黄煜文译. 桂林：广西师范大学出版社，2010：62 - 63.

67 同上.

68 乔丹·桑德. 本土东京［M］. 黄秋源译. 北京：清华大学出版社，2019：2 - 36.

69 伊塔洛·卡尔维诺. 看不见的城市［M］. 张宓译. 南京：译林出版社，2006.

70 在此只是借用这一概念。"文化记忆有固定点，一般并不随着时间的流逝而变化，通过文化形式（文本、仪式、纪念碑等），以及机构化的交流（背诵，实践，观察）而得到延续。"奥斯曼称之为"记忆形象"（figures of memory）。这些节日、仪式，诗歌，意象等，形成了"时间的岛屿"，在日常的交流之流中并不因为时过境迁而消失。集体经验通过文化型构而"结晶"为文化记忆。

附录

i 蒙太奇（montage），在法语中是"剪接"的意思，通常指电影中将一连串相关或不相关的、不同的镜头接在一起，显示时空的跳接，相异于镜头从 A 到 B 一条线的移动，带给人以意想不到的效果。

ii Lynch K. Good city form［M］. MIT Press, 1981. Milgram S, Jodelet D. Psychological Maps of Paris［M］. Environmental psychology: people and their physical settings. Holt, Rinehart and Winston. 1976.

iiii Coverley M. Psychogeography［M］. London: Oldcastle

Books，2006.

iv 心理地理地图更注重体现制图者的能动意志、有意打破习惯造成的规律，并提供有别于主流的解读的特质。这也导致了其适合于个人的风格化表达，使得它经常出现在规划设计竞赛和概念化的设计中。但需注意的是最初情境主义国际对技术官僚话语权的警惕。警惕精英主义，以及多元性、反身性、破除二元对立，对情感的敏感性，和挖掘那些与主流话语相悖的地方（Richardson，2015）。

v Pinder D. Subverting Cartography: The Situationists and Maps of the City [J]. Environment & Planning A, 1996,28(3):405-427.

图书在版编目（CIP）数据

上海漂移：都市废墟中的漫游者与创生者/陈蔚镇
著. —上海：上海三联书店，2024.5（2025.5 重印）
ISBN 978 - 7 - 5426 - 8434 - 9

Ⅰ. ①上… Ⅱ. ①陈… Ⅲ. ①城市文化－文化研究－
上海 Ⅳ. ①G127.51

中国国家版本馆 CIP 数据核字（2024）第 062492 号

上海漂移：都市废墟中的漫游者与创生者

著　者 / 陈蔚镇

责任编辑 / 陈马东方月
装帧设计 / 0214 _ Studio
监　制 / 姚　军
责任校对 / 王凌霄

出版发行 / 上海三联书店
　　　　　　（200041）中国上海市静安区威海路 755 号 30 楼
邮　　箱 / sdxsanlian@sina.com
联系电话 / 编辑部：021 - 22895517
　　　　　　发行部：021 - 22895559
印　　刷 / 上海盛通时代印刷有限公司

版　　次 / 2024 年 5 月第 1 版
印　　次 / 2025 年 5 月第 2 次印刷
开　　本 / 889 mm × 1194 mm　1/32
字　　数 / 130 千字
印　　张 / 6.375
书　　号 / ISBN 978 - 7 - 5426 - 8434 - 9/G・1716
定　　价 / 67.00 元

敬启读者，如发现本书有印装质量问题，请与印刷厂联系 021 - 37910000